XUEQIAN JIAOYU
ZHUANYE DAOLUN

学前教育专业导论

李兰芳 ◉ 主编　　王晓丽　王丽娟 ◉ 副主编

中国教育出版传媒集团
人民教育出版社
·北京·

图书在版编目（CIP）数据

学前教育专业导论／李兰芳主编．—北京：人民教育出版社，2023.6（2025.7 重印）
ISBN 978-7-107-36795-3

Ⅰ．①学…　Ⅱ．①李…　Ⅲ．①学前教育—高等学校—教材　Ⅳ．①G613

中国国家版本馆 CIP 数据核字（2023）第 101379 号

学前教育专业导论

出版发行　人民教育出版社
（北京市海淀区中关村南大街 17 号院 1 号楼　邮编：100081）
网　　址　http://www.pep.com.cn
经　　销　全国新华书店
印　　刷　大厂回族自治县益利印刷有限公司
版　　次　2023 年 6 月第 1 版
印　　次　2025 年 7 月第 2 次印刷
开　　本　787 毫米 ×1 092 毫米　1/16
印　　张　14
字　　数　192 千字
定　　价　40.00 元

编写说明

本书为甘肃省“十三五”教育科学规划项目“产出导向的幼儿园教师‘三主体协同’培育模式”研究及“甘肃省重点专业建设项目”研究成果之一。长期以来，学前教育专业人才培养中的课程设置存在一个总被忽视的问题，即课程内容以学期为单位散点式呈现，学前教育师范生在学习中只见树木不见森林，他们的头脑中很难形成跨学科的知识网络，从而造成他们在专业理解上的困扰，更缺乏对大学四年学涯乃至未来专业发展的长远规划。尽管不少高校开设了“学前教育专业导论”这一课程，但是仍然存在课程结构随意性强、课程内容系统性不够、课程设置未被重视等问题。本书将对这些问题的解决起到支持和帮助作用。

本书的适用对象为普通高等院校本科学前教育专业学生，也可作为学前教育专业教师的常备参考书，对在职幼儿园教师、幼儿园转岗教师或置换研修教师的专业发展亦有帮助。

本书沿着走进我的大学、走近学前教育专业、悉识学前教育专业课程、迈向学前教育学涯、拓展学前教育专业视野、调适幼儿园教师“自我”、坚守学前教育专业立场的脉络，延展出学前教育专业学生濡染人生、觉知要义、励学专长、规范行为、陶熔学养、诚心正意、洞见意蕴七个主题，讨论学前教育的学科地位、专业特点和学习方法，分析新时代幼儿园教师应具备的专业核心素养，解释学前教育专业人才培养标准及方案，剖析学前教育专业课程的体系架构，解读学前教育专业的政策性文件和制度性文本，综述学前教育的发展历程、趋势、基本问题及当前的新成果，进而介绍学前教育专业学生的学涯发展规律、心理行为管理方法及获得“关系”理解的途径，为学生未来四年逐渐获得专业情意、不断积累专业知识、持续提高专业技能、顺利拥有执业能力提供思想引领与指导。

本书的编写遵循政策方向性、时代需求性、学术引领性的原则，具有以下四个特点。

第一，方向性。本书紧跟形势，政策依据鲜明，是对近年来我国颁布的关于学前教育的一系列政策性文件和制度性文本的指导思想和精神理念的具体阐释和贯彻，包括《教育部关于加快建设高水平本科教育　全面提高人才培养能力的意见》《教育部关于狠抓新时代全国高等学校本科教育工作会议精神落实的通知》《普通高等学校本科专业类教学质量国家标准》《教师教育课程标准（试行）》《学前教育专业认证标准》《幼儿园教师专业标准（试行）》等。

第二，时代性。本书顺应新时代学前教育专业对人才培养的新要求，遵循学前教育专业人才培养的教育教学规律，引导专业课程体系建设，支撑专业人才培养的“产出导向”。根据国家关于一流课程建设的“两性一度”要求，本书吸纳了部分学前教育专业教材的新内容，对学前教育专业知识作出必要的解析。在内容架构上，选择反映学前教育专业领域的前沿性和时代性研究成果，追求高阶性、创新性和挑战度，力求满足高校教师和学前教育工作者的现实需求，积极体现师范类专业认证的“学生中心、产出导向、持续改进”的理念。

第三，支架性。本书的内容架构模块化，既注重对学前教育基本理论的阐述，又体现学前教育专业的特殊性，在充分考虑学生学习特点的基础上，强调知识的基础性、综合性和实用性，为学生的理论性知识向实践性知识的转化和迁移提供有力支撑，也为学生的专业成长提供学涯指导。在本书中适当插入具有知识拓展和实践指导功能的资料和案例，使各主题得以延展，以期在适当增加挑战度的过程中，激发学生的专业情意、学习意愿和自我发展内驱力。

第四，导学性。本书以形式带内容，各篇章均以“名言”点题、“学习导引”指引、“篇节正文”论述、“案例评述”强调、“教育名家”深化、“练习与反思”落脚，层层深入，引导学生亦读亦思。书后还附加了推荐书目，作为拓展性资源。同时，根据内容需要，在相应位置插入图片，并将丰富的视频和文本资料以二维码的形式介绍给学习者，形象生动地表现和说明主要内容，达到直观易懂的效果。

本书的三位编者长期从事学前教育研究和专业建设工作，亲历了本次教育科学规划项目研究的全过程。主编李兰芳教授为本书的主要执笔人，副主编王丽娟教授和王晓丽教授承担了部分内容的编写和统稿工作。编者在写作过程中参阅了大量国内外专家、学者的研究成果，启示珍贵，已在书后详细敬列，在此说明。更需提出的是，由于得到了人民教育出版社学前教育编辑室焦艳及其同事仝梦冉的信任、支持和帮助，使本书得以顺利出版并与读者见面，在此表示感谢！

对于书中的疏漏和不足之处，恳请广大师生在使用的过程中提出宝贵意见。

编者
2023年5月

目 录

第一篇
濡染人生：走进我的大学

> 学校犹水也，师生犹鱼也，其行动犹游泳也，大鱼前导，小鱼尾随，是从游也，从游既久，其濡染观摩之效，自不求而至，不为而成。
>
> ——梅贻琦《大学一解》

学习导引

濡染人生：走进我的大学

- 起源——你知道的关于大学的起源有哪些？
- 职能——你知道大学的职能有哪些吗？
- 类型——你知道的大学的类型有哪些？
- 专业——你能说出教育学类的哪些专业？
- 资源——你知道哪些有关你所就读大学的学习资源？
- 策略——你高中已习惯的学习策略在大学还适用吗？

一、大学的起源

大学是提供教育教学和科学研究条件的高等教育机构，一般包括综合大学和专科大学、学院，通常设有由一些相近专业组成的二级学院或系部，配备稳定的教师队伍，开设专门的课程，进行规范的评价考核，为学习者颁发社会认可的学位和学历证书。作为实施高等教育的学校，大学是人类文明发展的产物，受到历史积淀、外部环境和自身努力等因素的影响。

（一）西方大学的起源

学术界普遍认为，真正的大学起源于欧洲。在中世纪，意大利、英国、法国等国家陆续出现了教师按所教学科组成的“教授会”和学生按籍贯组成的“同乡会”，这些教师团体和学生团体共同组合形成了学术共同体，从事各种教学和研究活动，并逐渐发展成为西方最早的大学。[①]其中，影响较大并具有代表性的有博洛尼亚大学、萨莱诺大学、巴黎大学、牛津大学等。这些大学促进了欧洲社会的进步，对当时的教育产生了重要影响。

（二）我国大学的起源

我国大学的起源问题历来有“太学说”“西方大学说”和“双重起源说”，但学术界相对较为赞同的观点为，“中国大学从起源来说是‘西学东渐’的产物，属于所谓‘后发外生型’，即发展较晚，且由外来因素所引发”[②]。

从我国高等教育发展的历史脉络上看，西周天子的“辟雍”、诸侯的“泮宫”，以及齐国的“稷下学宫”是我国高等教育的雏形，[③]但大学的出现则是在16世纪末期。一条相对较为清晰的大学演进路线是：第一所大学可以追溯到1594年成立于澳门的圣保禄学院，其在课程结构、考试方法、人才培养等方面已经具备了大学的性质；到了19世纪后期，在遭受各国列强掠夺侵略的政治背

---

①② 蓝劲松.略论大学的起源［J］.科学文化评论，2005(6)：55-68.

③ 王义遒.论大学精神形成演变的逻辑之道——大学精神之我见［J］.中国高教研究，2012(9)：9-16.

景下，中国的知识精英和清朝朝廷普遍接受了魏源的“师夷长技以制夷”的思想，主张应当学习和利用西方的科学知识与先进技术来强军救国；1894年，中国在中日甲午海战中惨败，朝野震动，于是国内各地的大学堂如雨后春笋般出现。[①]具有代表性的大学堂有北洋西学学堂（1895年，天津）、南洋公学（1896年，上海）、求是书院（1897年，杭州）、京师大学堂（1898年，北京）等。其中，“始终具有影响力并一直存续的是北洋西学学堂和京师大学堂等学校，它们虽不是最早形成的，但由于得到政府的强力支持，且自身学科完整，体系严密，育人众多，并在相当长的时间里担负着重要的角色，对中国社会产生了重大的影响，是完整意义上的现代性大学的发端”[②]。

从我国高等教育的办学模式上看，近代的大学以效仿欧美和日本为主。中华人民共和国成立初期，我国曾一度效仿苏联的大学模式，表现出大学以教学为主、教学与科研分离的特点。1978年改革开放以后，大学的主流办学模式强调教学与科研相结合。

二、大学的职能

（一）以培养人才为己任的育人职能

育人是大学的基本职能。随着时代的变迁，不同社会对大学的要求一直在发生变化。但是，纵观世界各国的大学演进历程就会发现，培养人才这一育人职能从未被任何一个时代弱化或忽略过。大学的根本使命就是培养符合时代要求的高级专业人才。这种育人职能的实现是由教师和学生组成学习共同体，通过教学过程和学习过程得以实施，只是不同类型的大学由于人才培养目标不同而显示出育人方向的差异。例如：研究型大学主要以培养具有科学研究能力的

① 王义遒.论大学精神形成演变的逻辑之道——大学精神之我见［J］.中国高教研究，2012(9)：9-16.

② 周洪宇，刘训华.论中国现代性大学的起源［J］.高等教育研究，2015，36(6)：87-90，101.

学术型人才为目标；教学型大学主要以培养具有创新能力的应用型人才为目标；职业技术型大学主要以培养具有实践能力的技能型人才为目标。无论何种类型的大学，都对所培养的专业人才能够充分服务于社会发展、经济建设、科技进步和文化繁荣予以高度的期待。因此，育人是所有大学的首要任务和中心工作。

（二）以科学研究为己任的学术职能

科学研究是大学的标志性职能。不同类型的大学都将科学研究作为一项重要工作，并使其服务于人才培养。在高等教育发展史上，关于大学以科学研究为主还是以教育教学为主的争论一直存在，这既是不同历史时期大学办学思想演化的反映，又是大学办学模式嬗变的表现。现在科学研究这一学术职能已经被世界各国普遍认可和接受，并与大学的其他职能实现了共同发展。不同类型的大学的学术职能亦表现出差异，例如：研究型大学的主要学术职能是发展知识，其内容以基础研究为主；教学型大学的主要学术职能是传播知识，其内容以应用研究为主；职业技术型大学的主要学术职能是应用知识，其内容以实践研究为主。这种学术职能上的差异，反映出不同类型的大学的本体功能，成为大学发展的推动力。

（三）以服务社会为己任的服务职能

服务社会是大学的社会建设职能。随着社会的发展和进步，社会对大学的需求不断变化，于是出现了不同的大学模式。这些模式在不同程度上打破了大学与社会之间的壁垒，强调大学对社会进步和经济发展的实际贡献和应有作用，要求大学服务于社会，以尽到大学的责任。当今，大学的服务职能已成为现代大学的共识，并在不同类型的大学中得到体现，例如：研究型大学以应用和推广研究成果、推动社会进步的方式为社会服务；教学型大学以输出应用型人才、注重成果应用的方式为社会服务；职业技术型大学以满足行业诉求、改善大众生活的方式为社会服务。因此，大学的服务职能在一定程度上起到了帮助社会运转、促进社会进步的作用。

（四）以文化传承与发展为己任的创新职能

文化传承与发展是大学的探索发展职能。大学的创新职能首先表现为文化引领，通过教育教学、科学研究和服务社会等活动得以实现；其次表现为自我更新，在持续不断地自我批判、自我修复和自我完善中，大学得以生存、进步和发展。因此，大学的创新职能是大学探求真相、追求新知的原动力。这一职能在不同类型的大学中得到体现，例如：研究型大学在挖掘和创新人类文化产品、呈现创新成果的过程中承担其文化使命；教学型大学在传承、传播和发展文化成果的过程中表达其文化自信；职业技术型大学在吸纳文化元素和生成新成果的过程中满足社会需求。可见，不同类型的大学都在努力实现着对人类文化的传承和发展。

育人职能、学术职能、服务职能和创新职能体现了大学鲜明的办学理念，是大学的四大主要职能。除此之外，大学还有诸多衍生职能，例如：大学将自己的科研成果转化到新技术产业中，形成创业型大学，表现出大学的知识转化职能；大学利用自身优势，举办继续教育学院、网络教育学院等，表现出大学的终身教育职能；大学利用国内外的校际访学、师生交换、学术研讨、合作研究、联合办学、办学扶持等形式实现资源共享，表现出大学的交流职能。当前，各类大学在定位办学目标和确定未来发展重点的基础上，强化主要职能，探索衍生职能，实现以主要职能为优势、衍生职能为特色的综合性职能，从而提高自身的综合实力。

三、我国大学的类型与专业

（一）大学的类型

1. 综合类大学和专业类大学

根据专业设置类别的不同，大学可以分为综合类大学和专业类大学，这反映了大学的学科特点。综合类大学涵盖学科种类较多（包括文、理、工、管、法等学科），办学规模较大，综合实力强；专业类大学的学科较为集中，一般专注于某一领域。

2. 研究型大学、教学型大学和职业技术型大学

根据人才培养目标的不同，大学可以分为研究型大学、教学型大学和职业技术型大学三种类别，这反映了大学的基本职能。研究型大学以本科及以上教育为主体，以培养社会高层次研究型人才为主，注重学术导向，是科学研究的主阵地；教学型大学以本科教育为主体，以培养应用型人才为主，注重教育教学，是教学研究的主阵地；职业技术型大学以专科教育为主体，以培养技能型人才为主，注重学生的操作训练，是校地合作的主阵地。

3. 公办大学和民办大学

根据办学性质的不同，大学可以分为公办大学和民办大学，这反映了大学办学主体的多样性。公办大学与民办大学的区别之一是办学经费来源不同：公办大学是国家举办的高等教育机构，办学经费主要来源于政府财政拨款和学费收入等；民办大学是国家机构以外的社会组织或个人举办的高等教育机构，办学经费是非国家财政性经费，主要来源于学费收入。根据《中华人民共和国民办教育促进法》的规定，"民办学校与公办学校具有同等的法律地位"。

4. 全日制大学和非全日制大学

根据教育形式的不同，大学可以分为全日制大学和非全日制大学，这反映了大学运行方式的不同。全日制大学采用全天候教学的方式，学生通过国家统一组织的入学考试就读大学，完成学业后获得学位。非全日制大学采用非全日制教学的方式，学生通过自考、函授等形式，完成规定学业后获得在职学历证书。

（二）大学的专业

我国大学的专业是按学科门类分层设置的。截至2023年4月，普通高等学校本科在哲学、经济学、法学、教育学、文学、历史学、理学、工学、农学、医学、管理学、艺术学等12个学科门类下，设有792个专业。

以教育学学科门类为例，在其门类下包括教育学类和体育学类两个一级学

科。其中，教育学类学科类别下有教育学、科学教育、人文教育、教育技术学、艺术教育、学前教育、小学教育、特殊教育、华文教育、教育康复学、卫生教育、认知科学与技术、融合教育、劳动教育、家庭教育、孤独症儿童教育等具体专业。由此可以看出，学前教育专业属于教育学学科门类下的二级学科专业。

不同类型的大学根据自身特点和办学优势，结合社会需求举办专业，设计相应的课程体系，组织相关专业人员，有计划地开展教育教学活动，为学习本专业的学生提供教育服务，期待学生通过3~4年的学习积累，培养专业情意，获得专业知识，掌握专业技能，发展综合素养，塑造健全人格，能够以合格公民的身份为社会进步作出贡献，也为自身发展奠定专业基础。

四、大学的学习

（一）大学的学习特点

大学的学习是学生获得专业思想、积累专业知识、培养创新思维和提高解决问题能力的探究性学习过程，具有以下四个特点。

1. 目标指向

社会需要具有健全的人格、良好的综合素质、过硬的专业本领、较强的合作精神和适应性的人才，而大学是培养人才的重要平台。大学教育以培养专业人才为目标，它要求学生系统掌握专业基础理论和基本技能，能在某个领域从事相应的专业工作，成为具有创新精神和实践能力的高级专门人才，为将来走向社会、进入职场作准备。为了帮助学生做好准备，大学的课程设置会紧扣社会需求和专业发展需要。从这个意义上讲，学生在校所学的专业会与未来的职业发生某种关联，具有明显的职业定向性。

为了有效地获取专业营养，学生可以制订并执行一个合理的学业规划，使自己主动适应专业学习环境。例如，学前教育专业学生在制订学业规划时，不仅要包含专业知识和专业技能的获得，还要把信息技术及媒介素养、第二语言的学习列入其中，为将来拓宽就业领域创造条件，或为继续学习奠定基础。

2. 方式自主

大学教育主要以专业知识为主线展开，为学生提供相应的专业课程，帮助学生进行必要的专业技能训练。因此，大学的学习内容专业性强、信息量大、涵盖范围广，不仅注重学生专业素质和通用职业素质的培养，还注重学生文化素养的提升，以及学生的解决问题能力和创新思维能力的获得。但是，文化素养、解决问题能力和创新思维能力不仅能通过大学课堂获得，还需要学生调动主观能动性，在积极吸纳、独立感受和实践体验中逐渐获得。因此，自主学习是学生学业进步和专业发展的重要途径。也可以说，自主学习是学生学习成功的关键，它贯穿于大学学习的全过程，反映在大学生活的方方面面。

大学的方式自主还体现在选课方面。大学实行选课制，设置各种类型的选修课程，学生可以根据自己的兴趣、需要和意愿选择课程并获得学分。以学前教育专业为例，其课程方案中的选修课程是帮助学生拓宽专业视野、激发专业兴趣的支撑性课程群，如“0~3岁儿童保育与教育”“学前儿童戏剧教育”“奥尔夫音乐教育”“儿童教学媒体的采集与制作”“信息技术在幼儿园教学中的应用”等课程。学生可以在分析自己的兴趣偏好和能力类型的基础上，选择并修读相关课程，努力将在这些课程中学到的知识和技能转化为自己未来专业发展的优势。

此外，大学里学生自由支配的时间相对较多，这些都为他们的自主学习提供了条件。因此，学生需要统筹规划时间，合理安排各种学习活动，并进行有效的自我监督和管理，这样才能让大学生活丰富而充实。

3. 过程探究

与高中阶段的学习相比，大学的学习具有鲜明的探究性，例如：同一门课程，教师会提供各种参考书目供学生阅读、分析和判断；同一个学习内容，可能会有不同的流派、理论、学说和观点，学生可以在学习中不断开阔眼界，激发思考；同一个研究主题，可以有多种研究设计和研究过程，甚至会得出不同的研究结论，学生可以从中发现问题，甄别正误，并利用已有的专业知识思考、选择，得出个人判断。大学教育鼓励学生发表不同的观点，期待学生在分享观点中碰撞出有价值的思维成果。因此，大学教育十分强调学生创新能力的培养，在课程设置和实施中突出学生的主体地位，提倡项目制教学、案例教学，倡导学生的研究性学习和个性化学习，以培养学生在发现知识、创新理论、解决问题等方面的能力。

以学前教育专业学生为例，学生在专业学习中，要策划和实施教育活动方案，要设计、制作和使用各种幼儿园玩教具，还要充分利用课程论文、学期论文和毕业论文完成研究设计和研究过程。这种探索和应用知识的过程对于学生提高专业能力具有重要意义。

4. 途径开放

大学的学习途径是多样而开放的。学生除了课堂学习这一途径，还有基地实践、项目设计、科学研究、社团活动、志愿者服务等途径。这些学习途径有利于学生获得知识、积累经验、提高能力。梅贻琦先生曾言："学校犹水也，师生犹鱼也，其行动犹游泳也，大鱼前导，小鱼尾随，是从游也，从游既久，其濡染观摩之效，自不求而至，不为而成。"在多元开放的大学环境里，学生在教师的指导下，感受濡染，积累知识。

以学前教育专业为例，本专业注重理论与实践的密切结合，其学习途径包括课堂教学、课含实践、教育见习、教育实习、课外研读、导师引导、顶岗实习等。随着课程体系的不断展开，学生需要充分利用这些途径内化专业知识，完成理论性知识向实践性知识的转化。因此，保持学习途径的充分开放是学前教育专业学生取得良好学习成效、实现专业成长的关键。

（二）大学的学习资源

大学的学习资源为学生从事学习活动、开展科学研究、实现专业发展提供了重要保障，主要包括以下四类资源。

1. 教师资源

教师资源是大学的无形财富，是大学教学质量和科研质量的重要保障。由于受到学科发展历史、办学层次、人才管理、专业发展期等因素的影响，教师的教学能力和学术水平可能存在一定的差异。不同的教师基于自己的专业和优势，在成长过程中逐渐明确、拓展出各自的研究方向和教学方向，并在这些方向下积累学术成果和教学经验。这些教师利用自身较强的专业性，为学生带来启发和引导，对学生的在校学习起到帮助作用。同时，教师在工作中表现出的进取精神和专业态度也能为学生起到榜样作用。

因此，学生有必要对自己所在学院教师的整体情况有所了解，还可以与教育理论类教师、教育技能类教师、教辅人员等接触和认识，并建立良好的师生关系。学生可以借助这些教师的专业优势进行学习，必要的时候还可以向他们积极求助，以获得及时的帮助。

2. 图书馆

图书馆是大学学习资源的重要组成部分。根据学校教学、科研的需要和学生的学习需求，大学图书馆搜集、收藏了丰富的文献资料，既为教师的教学和科研活动提供支持和保障，又为学生的学习活动提供参考资料。因此，大学图书馆既是服务于教师科研和教学的组织机构，又是学生获取信息、拓宽知识领域的重要基地。

学生的自主学习和学术研究都要求其具备较强的信息意识和文献检索能力。因此，学生在大学学习不只是学习知识，还要学习怎样获取知识。图书馆是大学的第二课堂，学生应当充分利用图书馆，强化信息意识，提高获取、分析、处理信息的能力，并学习和掌握文献检索的方法，以便更有效地汲取专业知识，了解学科发展方向。

学生应当了解自己所在大学的图书馆，熟悉它的资源构成、管理方式和规章制度。在图书馆，学生可以阅读有关社会科学和自然科学的文献，开阔学术视野，拓宽思维空间，提高文化修养，构建个人知识网络。学生尤其要熟悉自己所在院系的资料室，因为这里收藏了相对完整、全面的本专业的资料，并且资料更新较快，有的资料室还存有各届学生的优秀毕业论文等。这些都可以成为学生进行自主学习和学术研究的重要资源。

3. 实训实验场所

实训实验场所是大学开展学术研究、教育教学、实践训练的重要场地，能为学生理解和应用知识、提高实践能力提供操作空间。各类大学一般会设有专业实训中心、实验研究中心、创新研发中心、校地合作基地等。这些实训实验场所通常集人才培养与培训、教育研究与服务以及创新创业为一体，具有强大的研训功能，能为大学的教育教学和学术研究提供专业支持。

开设学前教育专业的大学，一般建有幼儿园教师教育技能训练中心，还会选择一些优质的学前教育机构作为专业实践基地，用以满足学生的专业实践需要，保障学生开展实践性学习和研究性学习。有的大学设立创新实践中心，为学生提供儿童故事创编、玩教具制作、儿童动漫设计等创新创业场地，并为学前儿童提供能科学探究的服务性场地；还有的大学设立学前教育实验研究中心，为专业研究和学科建设提供学术平台。学前教育专业学生应充分利用这些学习资源，使其有效地服务于自己的专业学习和学术研究（图1–1~图1–4）。

图1–1　幼儿保育实训室

图1–2　学生模拟保育活动

图1–3　幼儿心理实验室

图1–4　学生实验场景

4. 网络平台

网络平台具有信息量大、传播速度快、即时性强、开放共享性好等特点，为大学师生提供了丰富的教育资源。因此，网络平台建设在一定程度上反映了大学的办学条件，影响大学的教学效率。大学的教学活动可以通过网络平台，实现网上资源的共享。同时，学生也可以利用网络平台进行自主学习。合理利用网络平台，不仅能激发学生的学习兴趣，让学生主动获取知识，还能培养学生的信息素养和信息处理能力。

网络平台是大学教育体系的重要补充，它改变了大学的传统教学模式，实现了学生学习方式的变革。为了形成中国特色、世界水平的一流本科课程体系，构建更高水平的人才培养体系，2019年10月，《教育部关于一流本科课程建设的实施意见》提出“从2019年到2021年，完成4 000门左右国家级线上一流课程（国家精品在线开放课程）、4 000门左右国家级线下一流课程、6 000门左右国家级线上线下混合式一流课程、1 500门左右国家虚拟仿真实验教学一流课程、1 000门左右国家级社会实践一流课程认定工作”。由此可以看出，网络平台和大学教育相结合，是教育教学改革发展的必然趋势，也是社会发展的必然要求。大学应充分利用网络平台，做好课程建设。

在网络平台上，各个专业的学习资源非常丰富。以学前教育专业为例，在网络平台上有学前教育专业资源共享课程及精品课程、高校与幼儿园共建的网络教学互动平台、支持线上教学的各种智慧教学平台等。这些都是学前教育专业教育教学的重要资源。此外，为了满足学生的学习需要，基于专业课程建设优势，有的大学还开发建设了小规模限制性在线课程。这种课堂教学与在线教育相融合的教学模式，将学生的线下学习与线上学习相结合，既提高了学生学习的积极性，又使网络资源得到了有效利用。因此，学前教育专业学生应对所在大学的各种网络平台有所了解，并熟练使用这些平台，让网络平台成为自己学习和进步的重要工具。

（三）大学的学习策略

1. 调适动机——目标定向

在学习活动中，有两个重要的心理机制发生作用，即学习的动机水平和目标定向。学生需要对此有所了解并进行适当的体验。

首先是学习的动机水平。所谓动机水平，就是个体所从事行为的动力大小。那么，怎样的动机水平有利于学习行为的发生、保持并取得成效呢？耶克斯—多德森定律告诉我们，人的动机水平与工作效率之间不是简单的线性关系，而是曲线关系。也就是说，过低的动机水平会使人缺乏活动的积极性，导致工作效率降低；过高的动机水平会使人产生过度紧张或焦虑，不利于记忆、思维等认知活动的顺利进行，也会导致工作效率降低；只有当动机水平适宜时，工作效率最佳（图1–5）。当然，适宜的动机水平并不是固定不变的，它会随着活动任务的不同性质发生改变。对于简单的活动任务，相对较高的动机水平是适宜的；对于难度适中的活动任务，中等的动机水平是适宜的；对于复杂和困难的活动任务，相对较低的动机水平是适宜的。因此，根据活动任务的难易程度，调适并保持适宜的动机水平，能使工作效率较高，有利于完成工作任务。[1]

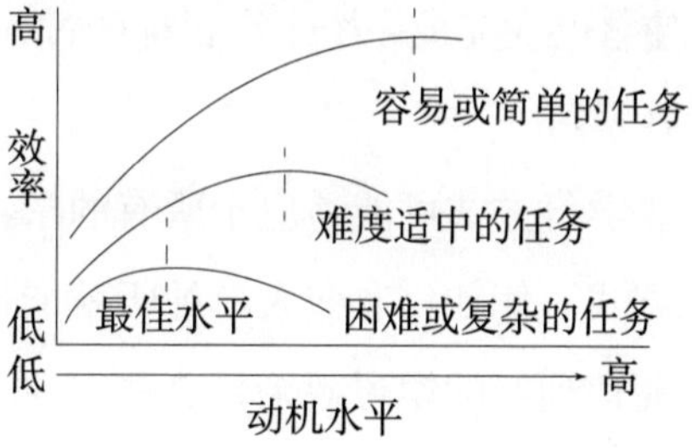

图1–5　耶克斯—多德森定律[2]

耶克斯—多德森定律对学生的学习活动具有启示和指导意义。学生在学习时，应根据学习活动的性质调整自己的动机水平，合理设定学习目标，以较高的学习效率完成各项学习任务。

①② 边玉芳，李白璐.教育心理学［M］.杭州：浙江教育出版社，2015：136-137.

那么，怎样将学习动机水平调整到最佳呢？这与学习者的态度有关。学习者对学习活动的态度如何，与他的需要以及学习活动对其需要的满足程度有关。因此，学习者应当审视、评估自己的各种需要，并客观地看待和接纳学习活动，使自己对学习活动抱有积极的态度，提高学习的主动性，这样才可能客观认识和评价当下的学习任务，使自己的学习动机水平处于最佳状态，最终获得较好的学习效果。学习者可以试着运用学习中获得的新信息来解决实际问题，也可以提醒自己按时完成学习任务。这样做既能使学习者从中获得成就感，从而更加积极主动地面对学习活动，又会使学习者不断地调整自己的学习动机水平。

其次是学习的目标定向。人的行动具有目标性。在面对难度不同的目标时，人往往会作出相应的比较、权衡和选择，那些难度较小的目标容易被人选择并接受；接着，人会把难度较大的目标分解为若干个易于接受的小目标，每接受一个小目标，就会不自觉地接受下一个小目标，直至达到最终的目标。由此可以看出，目标对于人的行动发挥着引导作用。

运用到学习活动中，学习中的目标定向值得关注，因为它影响到学生的学业进展。因此，学生应对自己的学习活动进行全面、长远的规划，可以分阶段制订大目标和小目标，使自己在完成一个个小目标的过程中，逐渐趋近大目标。

2. 多种方式——个性学习

在学习活动中，某些学习方式可能适应于所有的学习者，但并不是每个学习者都拥有相同的学习方式。例如：有些人单纯听就能达到好的学习效果，有些人则需要边听边写才能达到好的学习效果；有些人在相对安静的环境中能集中注意力，有些人在自己喜欢的背景音乐中更能集中注意力；有些人视觉记忆效果好，有些人听觉记忆效果好。此外，有些学习内容可能需要特定的学习方式，例如：教育理论类的学习内容需要学习者按照学习规律，利用思维导图、知识重构以及实践应用等方式掌握；艺术类的学习内容，不仅需要教师的示范和讲解，还需要学习者亲自尝试、反复练习，才能完成学习任务。由此可以看出，学习方式的差异要受到学习者自身特点和学习内容的影响。

多元智能理论为解释学习方式的差异提供了理论基础。霍华德·加德纳（Howard Gardner）的多元智能理论认为，每个人都有自己的学习方式，都至少具有语言智能、逻辑—数学智能、音乐智能、空间智能、身体—动觉智能、人际智能、自我认知智能、自然观察智能等八种智能，“人与人的差别，主要在于人与人所具有的不同智能组合”①。根据多元智能理论，每个人都应当了解自己的优势智能和劣势智能，采用自己擅长的学习方式，有意识地将自己的优势智能迁移到劣势智能中，从而使劣势智能得到一定的发展。

大学的学习内容主要由不同性质的课程组成，不同的课程需要不同的学习方式，同一门课程的不同部分也需要改变学习方式，这就要求学生在不同的学习情境中使用合适的学习方式。这种基于学习需求的学习方式对于学生发现自己的学习特点、运用已有优势智能、探索新的学习方法、发展和弥补劣势智能大有益处。为了使学习活动更有效，学生需要找到适合自己的学习方式，并以此为基础，开展个性化学习。

3. 小组合作——经验共享

人的学习方式各有差异，如果能将拥有不同学习方式的同伴组织起来，形成以某个学习主题为内容的学习共同体，在小组合作中共同开展学习活动，将是非常明智和高效的学习方法。这个学习共同体的任务可能是探讨理论，可能是训练技能，也可能是解决问题，共同体中的每位成员发挥各自的优势和热情，借助已有的专业知识、技能和生活经验，在形成合力的协作活动中，分解任务、讨论问题、设计方案、执行计划，最终解决问题。

小组合作的学习策略之所以可行、可利用，就是因为它能使个人经验在解决问题的过程中得到充分的分享，从而放大个人的成功体验。小组合作的学习共同体就像是一对对的舞者，此时一些人是领舞者，另一些人是舞伴，彼时那些舞伴又变成了领舞者，因为他们中有些人擅长民族舞，有些人擅长现代舞，

---

①［美］霍华德·加德纳.多元智能新视野（纪念版）[M].沈致隆，译.杭州：浙江人民出版社，2017：28.

在不同的舞蹈中，只有领舞者和伴舞者相互配合，才可能呈现完美的舞蹈。在幼儿园教育中，经常采用的混龄活动（即创设适宜的环境，使不同年龄班的儿童有机会在同一个活动主题下互动交流）、串班活动（即创设适宜的环境，使同一年龄班的不同班级之间的儿童有机会互动交流），就是两种有效促进学前儿童发展的学习与探究策略。当然，幼儿园中的混龄活动和串班活动与大学生自主发起、自创环境的小组合作学习有所不同，因为年龄尚小的儿童意志品质较弱，尚不具备独立确定活动目标并为实现目标作出长久努力的意志力，需要幼儿园教师的适当帮助，但它们的内部机制是一样的。

建构主义理论认为，学习不是一个被动接受的过程，而是学习者对知识进行选择、加工和积极建构的过程。在学习过程中，学习者已有的知识和经验是学习的基础，对知识的意义解释是学习者的新旧知识经验间相互作用的建构过程，所以，学习不只是知识由外向内的传递和转移，更是学习者主动建构知识经验的过程。在建构过程中，由于学习者的已有经验不同，建构方式也就有所不同，因此，即使是在同一种学习情境中接受相同的新信息，不同的学习者也会获得不同的知识意义（图1–6）。[①]这一理论的启示在于，建立教师与学生、学生与学生之间的合作关系，有助于学习者之间的经验分享、观点碰撞并获得充分的知识解释。也就是说，合作学习比个体学习更具有优越性，可以加速学习者认知水平的发展。采用小组合作的学习方式，实现小组成员间的资源共享，是大学学习的有效策略。学前教育专业学生应当利用小组学习的机会，积极主动地重新组织学习材料，对重要信息进行恰当的理解、解释和应用，通过讨论学习内容、解决认知冲突、阐明不充分推理而最终达到对知识的理解和巩固，进而提高认知水平，并在学习上获益。

---

① 曾继耘.学习的累积性、适切性和交互性——论建构主义学习观对当代课堂教学改革的启示［J］.山东师范大学学报（人文社会科学版），2006（4）：150-153.

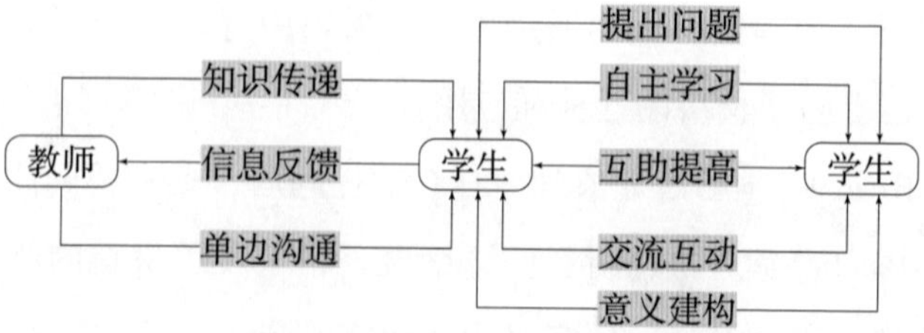

图1-6　小组合作学习中的意义建构

4. SQ3R学习法——问题导向

SQ3R学习法由美国的罗宾逊（Robinson）提出，是一种帮助学习者进行阅读的方法。这种学习方法主要是让学习者在浏览、提问、阅读、复述和复习等环节中，通过回答问题来理解学习内容，记忆学习材料，完成学习任务。

◆浏览（Survey）　学习者在正式阅读之前，要快速浏览全文。首先，浏览材料的标题。总标题又叫题目，它是一篇材料的"眼睛"，反映了材料的中心思想；各级标题相当于材料的各级段落大意，反映了材料内容的逻辑关系。然后，浏览材料的摘要和引导语。摘要是对材料内容的高度凝练，是材料的中心思想，反映了材料将要讨论的主题、材料的背景、材料的意义等；引导语是材料内容之间的概括性连接，具有承上启下的作用。通读总标题下的摘要和各级标题下的引导语，能够帮助学习者迅速捕捉到材料的关键词和主题词，进而对材料的结构有一个相对完整的把握。最后，学习者可以按各级标题的层次排列浏览整篇材料，这样就对材料有了整体的了解和认识，也为是否开展详细阅读提供了决策依据。

◆提问（Question）　学习者浏览材料后，接下来要做的就是针对材料进行提问。学习者可以按材料的呈现顺序，以一级、二级标题为线索，依次提出问题，可以针对一个标题、一个段落或一个概念进行提问，还可以将标题直接转换为问题。例如，对于文献"学前教育的内涵"，可能提出"什么是学前教育"的问题，进而提出"学前教育的对象是什么"的问题，再进一步提出"学前教育的任务是什么""学前教育与其他学段的不同是什么"等问题。一般来讲，学习者能够对学习材料提问，进而通过思考从材料中寻求答案，这样更易于理解和记忆材料，也更易于材料的迁移和应用。

◆阅读（Read） 学习者完成针对材料的提问后，就需要阅读材料的具体内容。材料的具体内容是对整篇材料的详细展开，呈现了材料的所有细节，包括概念、理论基础、研究设计、研究过程、研究结果等，反映了材料作者分析问题的思维过程和解决问题的具体操作。学习者需要尽可能仔细地研读各级标题下的所有正文，可以做一些必要的标记，写出对某些内容的理解，并把不理解之处标出来以待进一步解答。在阅读中，学习者要核实自己提出的问题在材料中是否找到了答案，如果没有，可能需要重新对某些内容进行重点阅读，或者重新提出问题。

◆复述（Recite） 学习者在阅读完某些材料后，就意味着已经找到了先前提出的问题的答案。此时，学习者需要将这些答案牢记于心，并让它成为自己大脑中知识系统的一部分。为了使学习更有效，学习者可以通过回忆材料内容，将这些问题的答案解释并概括出来，或者向同伴复述这些内容，以加深对问题答案的理解，巩固对材料的记忆，为日后的学习打下良好的基础。如果有时间，学习者还可以和同伴互相交流，检查学习效果。

◆复习（Review） 为了完整、准确地掌握一篇学习材料，学习者还需要进行必要的复习，可以将第二个环节中提出的各种问题列成清单，然后合拢学习材料（或放在一边），尝试回答清单里的所有问题。学习者可以一边回答一边记录，如果能对回答的内容作出书面总结并拿出材料作对比的话，效果会更好。学习者可以根据需要在不同的阶段进行复习，或学完整章内容后及时复习，或上课前简单复习，或考试前系统复习。

以上五个阶段只是SQ3R学习法的基本环节，学习者在使用中并不需要“平均用力”，应当根据学习的实际情况灵活把握各个环节所需的时间。另外，这种方法可以用于独立自学，也可以用于课前预习。这两种学习方式的目标有所不同，依赖的条件也不同：独立自学是以自己已有的知识体系为理解支架；预习除了自己已有的知识体系，还有一个重要支架就是课堂上的教师讲授。因此，学习者在独立自学时运用这种方法，需要掌握好节奏，并监控各个环节的执行质量；预习时运用这种方法，需要尽可能针对学习内容提问并寻求答案，这样才能调动学习的积极性。

有些学生将浏览材料作为课前预习，这种单纯的浏览方式没有以问题为导向，是对SQ3R学习法的不恰当运用。事实上，学习和使用SQ3R学习法的最大难度，并不在于学习方法本身，而在于学习者能改变自己已有的学习习惯，尝试并坚持使用这种学习方法。因此，使用SQ3R学习法的关键是要提高自身的主动性，认真完成各个环节，并在实践中能坚持使用这种方法。

5. 思维导图——头脑激荡

思维导图又称心智导图、脑图。它是以可视化方式呈现学习者整体思维的实用性工具，是学习者思维过程中具有隶属和相关关系的各级主题材料的层级式、发散性有机组织。思维导图以某个学习主题为中心，依次向外发散出下一级主题，形成二级、三级甚至四级、五级主题，每一级主题就是一个思维的逻辑节点，这些逻辑节点都与上一级主题和中心主题产生逻辑联结。因此，从形态上看，思维导图就是一幅呈放射状的立体结构图，“因为思维导图中的所有内容都是相互联系的，所以它能够帮助人的大脑通过联想更好地进行理解和想象”①。

脑科学理论是思维导图的理论基础之一。研究发现：人的大脑皮层有很多神经元，神经元具有传导功能，神经元之间通过突触的相互衔接形成复杂的神经网络。因此，人脑对信息的加工方式是树状发散式的，思维导图的加工方式就是顺应人脑的信息加工方式。

此外，有意义学习理论也为思维导图提供了理论支撑。著名教育心理学家奥苏伯尔（D. P. Ausubel）在对学习类型进行深入分析的基础上，将学习按照效果分为有意义学习和机械学习。他认为，有意义学习就是有内在逻辑结构的学

---

①［英］东尼·博赞，巴利·博赞.思维导图［M］.卜煜婷，译.北京：化学工业出版社，2015.

习材料与学生原有认知结构相关联时，新旧知识发生相互作用，新材料在学习者头脑中获得了新意义符号所代表的新知识，它们与学习者的认知结构中已有的适当观念建立“非人为的”和“实质性的”联系。[①]因此，能否建立起新旧知识之间的联系，是影响学习的重要因素。思维导图的生成过程，就是学习者利用判断、推理等思维形式和分析、概括、归纳、综合等思维过程，完成新旧知识间联系的过程，是具有较好学习效果的有意义学习。

思维导图是学习者思维过程的外化表达，也是学习者扩展知识体系的有效引导。绘制一幅思维导图就是完成一次头脑激荡。学习者可以把绘制思维导图作为一个很好的思维训练过程。在绘制过程中，需要学习者整体回忆和把握所学内容，理解并分析各种信息之间的逻辑关系，再用恰当的形式将它们呈现出来。也就是说，将学习材料中的一些问题及其答案、不同类属的概念、相关主题下的理论流派等内容概括性地部署在一张纸上，并将各种信息之间的关系用线条标识出来，就构成了一幅思维导图（图1–7）。

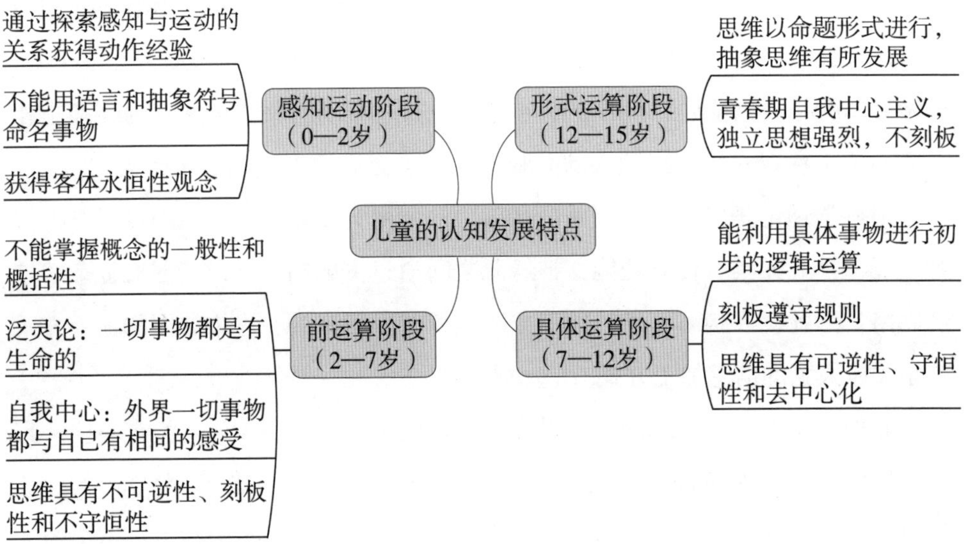

图1–7　思维导图示例

① [美] 奥苏伯尔.教育心理学——认知观点 [M].北京：人民教育出版社，1994: 24-31.

思维导图可以多种形式呈现，常用的有概念图、树状图、鱼骨图、九宫格等，这与学习者所要呈现的学习内容有关，也与学习者的学习方式、偏好、习惯以及经验有关。学习者可以在明晰学习内容的基础上，适当兼顾个人特点，设计并绘制最能体现知识及其关系的思维导图，当然，学习者也可以借助制作工具绘制思维导图。

（四）大学的学习方法

1. 读书—思考—分享

北宋文学家欧阳修说："立身以立学为先，立学以读书为本。"读书是学习者获得专业情意、提升专业素养、开阔专业视野的有效途径。学前教育专业学生在未来就业时，大部分学生会从事幼儿园教师工作，专业身份决定了幼儿园教师在儿童心目中的地位，他们身上散发出的书卷气对学前儿童有着强大的熏染作用，他们良好的读书习惯将对儿童起到示范作用。如果把大学的学习时间定为100%的话，那么，学生至少应将50%的时间用在读书上。学生应当阅读不同类型的书籍，包括专业书籍和非专业书籍。只重视阅读专业书籍而忽视对其他书籍的涉猎，这是一种不可取的读书态度；只阅读自己感兴趣的书籍而忽视专业书籍的阅读，同样不值得提倡。就阅读专业书籍而言，学生至少要阅读关于普通心理学、儿童发展心理学、儿童哲学、逻辑学以及教育名著等书籍。为了及时、准确地掌握学前教育专业的前沿动态，还可以定期阅读学前教育类的期刊和杂志。

读书是一个积极的思维过程，泛泛的、不求甚解的读书方式是不当的。学生可以在读书过程中适当记笔记、加批注、录感想，这样能调动自己的思维活动，并对思维过程有清晰的认识和表达。这既是内化书本知识、建构大脑知识体系的过程，又是理解、消化知识的过程。因此，学生要坚持在读书中思考，在思考中读书。

此外，学生可以与老师和同学讨论并分享读书经验和心得，通过这种方式，可以碰撞灵感，扩展思路，甚至能对自己的原有观念作出批判、改造和更新。学生需要在广泛阅读文献的基础上，发现问题并提出问题，为毕业论文或毕业设计做好准备。此外，学生还可以积极参与导师的研究课题，在课题的指引下开展大量的阅读活动，梳理阅读成果，积累阅读经验。

2. 理解—记忆—训练

陈鹤琴先生说："一个优良的现代教师，其本身的修养，除了必须具备身体与精神的健康之外，更应当有广泛而正确的知识。"①为了获得广泛而正确的知识，学生需要在理解的基础上适当记忆，并通过训练加以应用。大学学习的各类课程的性质有所差异，学生应当了解不同课程的性质、特点，理解并遵循各类知识获得的规律，并采取与之相适应的学习方法，使自己的学习活动更有成效。具体方法如下。

第一，充分利用典型案例。大学教师经常采用案例教学法进行课堂教学，例如，使用概念的正例、反例及正例的变式，采用"概念—理论—案例"式的演绎法，或采用"案例—概念—理论"式的归纳法，以帮助学生理解知识。学生如果能准确地理解教师提供的典型案例，就可能出现从感知到记忆再到推理的积极思维过程，从而使自己对学习内容有较好的把握、完整的记忆和有效的运用。

第二，注重理论性知识向实践性知识的转化。知识是人类认识成果的结晶。理论性知识以概念和原理体系呈现系统化的理性认识，它的抽象程度高，具有全面性、逻辑性和系统性特征。这种被编码的知识体系可以通过阅读、听课获得。实践性知识是学习者对理论性知识的理解和运用，具有个体性、缄默性和独特性特征。与理论性知识相比，实践性知识更具体、更生动、更形象，借鉴价值更大。例如，学前教育专业学生可以通过观摩幼儿园教学活动，分析幼儿园教师在特定情境中所采用的解决问题的方式，并模仿使用这些方式，促使自己顺利实现两类知识的转化。

① 陈鹤琴. 陈鹤琴全集（第四卷）[M]. 南京：江苏教育出版社，2008：326.

第三，反复训练。对于学前教育专业来说，学前舞蹈、学前美术、学前声乐等课程是必修课程，这些课程内容的学习具有一定的规律性，需要通过不断练习而获得相应的技能。例如，学前教育专业学生在开展舞蹈、弹琴等活动时，最初可能因为肌肉的运动记忆尚未完成，动作会表现出不协调、笨拙，但通过反复练习，就可能实现神经系统内部的稳定联系，运动记忆的潜伏期就会加长，动作会变得熟练并趋于协调，为后续学前教育活动中的技能应用打下了基础。

第四，技能应用。对于学前教育专业而言，教育技能类课程是重要的实践类课程，掌握教育技能有利于学生在日后开展学前教育工作。因此，学前教育专业学生应当在幼儿园环境创设、玩教具设计与制作、幼儿舞蹈感受和表达等活动中不断运用教育技能类课程的知识和技能，使知识得到有效迁移、技能得到持续巩固。

| 教育家介绍 |

幼儿教育之父——福禄培尔①

福禄培尔（F. Froebel，1782—1852）是19世纪德国著名的幼儿教育家。他创办了世界上最早的以“幼儿园”命名的学前教育机构，创立了相对完善的学前教育理论。他的教育理论和实践对世界学前教育体系的形成和各国幼儿园的发展具有重要影响，被誉为“幼儿教育之父”（图1–8）。

图1–8　福禄培尔

创办世界上第一所幼儿园。福禄培尔把自己创办的儿童活动学校命名为“幼儿园”，招收3—7岁的儿童实施教育。他把幼儿园比作一座大花园，把儿童比作花草树木，把幼儿园教师比作

① 参见唐淑.学前教育思想史［M］.北京：人民教育出版社，2018：317-324.

园丁。

学前教育的原则。发展的原则和教育适应自然的原则是福禄培尔提出的有关学前教育的重要原则。他认为，世界万物都在无限发展，人也在不断发展，这种发展不是各阶段的孤立发展，而是从一个阶段向另一个阶段逐渐上升的发展过程，各个阶段之间有着必然的联系。此外，教育应当按照儿童的本性，唤起他们的积极性、创造性和自动性，以促进他们的发展。

学前教育的作用。福禄培尔认为，幼儿期是个体发展的最重要的时期。学前教育是人的真正教育的开始，是之后各个阶段教育的基础。他强调家庭教育的重要作用，要求父母需要具备一定的教育知识。他还提出应建立专门的学前教育机构，由受过专业训练的教师承担教育职责，同时为家庭教育提供帮助。他主张幼儿园应为所有儿童提供教育，让来自不同家庭的儿童在一起游戏、生活和活动。这种力图普及学前教育的思想具有进步性。

幼儿园教育的任务。福禄培尔认为，幼儿园应当对儿童实施社会的公共教育，它的主要任务包括保护儿童身体和精神的健康发展、培养训练有素的幼儿教师和推广幼儿教育经验。

游戏对于儿童的价值。福禄培尔认为，游戏是儿童生活的重要组成部分，是学前教育的主要手段。他制定了一个完整的游戏体系，主要包括活动性游戏和精神性游戏。他还设计出游戏材料“恩物”，帮助儿童在游戏中发展认知能力、想象力和创造力。

| 练习与反思 |

1. 在整体了解本校学习资源的基础上，撰写《关于我校学习资源的调查分析报告》。

2. 体验并分享大学学习的策略和方法。

3. 在分析相关文献资料的基础上，与同学谈论自己对大学的职能的看法。

4. 绘制以本篇内容为主题的思维导图，至少包含三级分支。

5. 填写以下反思内容：

关于本篇学习内容，我有如下问题：

对于上述问题，我尝试进行如下解答：

完成本篇内容的学习后，我有话要说：

我想就本周阅读过的书籍或文献谈谈自己的心得：

第二篇

觉知要义：走近学前教育专业

> 教导儿童的主要技巧是把儿童应做的事也都变成一种游戏似的。
>
> ——［英］洛克《教育漫话》

| 学习导引 |

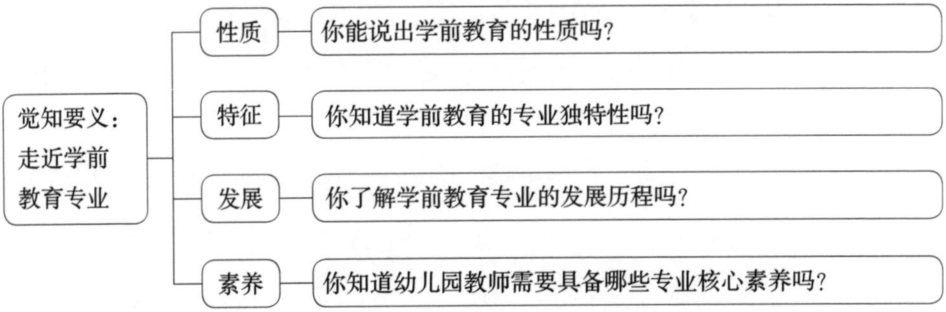

一、学前教育的性质

（一）学前教育是国民教育体系的重要组成部分

《国务院关于当前发展学前教育的若干意见》指出“学前教育是终身学习的开端，是国民教育体系的重要组成部分，是重要的社会公益事业”。近些年，随着教育改革的深入和国家对学前教育的重视，我国学前教育事业取得了快速发展。

学前教育的研究、教育和服务对象是学前儿童。从广义上讲，学前儿童包括0~1岁的乳儿、1~3岁的婴儿和3~6岁的幼儿；从狭义上讲，学前儿童一般指3~6岁的儿童。学前期是儿童生理发育较为迅速的时期，也是儿童各种心理活动萌芽和初步发展的重要时期，儿童的诸多基本能力在这一阶段形成并开始发展。同时在这一阶段，儿童心理发展的敏感期及教育的最佳期也会出现。因此，学前期是人一生中最重要的时期，将为人的终身发展奠定基础。

学前儿童身心发展的特殊性使学前教育具有重要的价值和意义。相对于其他发展时期，学前期的儿童对外界刺激十分敏感，心理过程的某些方面发展非常迅速，如躯体动作、感官活动、言语活动、规范习得、文化学习等，这种易于学习某种知识、获得某种技能的关键期，为教育提供了施加影响的最佳期。因此，学前教育应充分利用儿童发展的关键期，对儿童实施科学合理的教育。

（二）学前教育的实施者是具有专业知识和技能的专门人员

幼儿园教师是学前教育的研究者和实施者，是学前儿童发展的主要支持者，肩负着对学前儿童实施保育和教育的双重职责。因此，幼儿园教师既是实施学前教育的重要保障，又是学前教育可持续发展的主要人力资源。从某种程度上说，幼儿园教师的专业水平影响着学前儿童的成长与发展，影响着学前教育的质量。

2012年教育部颁布《幼儿园教师专业标准（试行）》，指出“幼儿园教师是履行幼儿园教育教学工作职责的专业人员，需要经过严格的培养与培训，具有良好的职业道德，掌握系统的专业知识和专业技能”，并从基本理念、基本内容、实施建议等三个方面对幼儿园教师的专业素质提出要求。它是幼儿园教师实施保教行为的基本规范，是引领幼儿园教师专业发展的基本准则，也是幼儿园教师培养、准入、培训、考核等工作的重要依据。幼儿园教师在从业之前，必须了解《幼儿园教师专业标准（试行）》的要求，系统掌握专业知识和专业技能，懂得保教行为的基本规范和准则，通过学习、训练、考核、评价和认定等环节，获得幼儿园教师资格，才能从事学前教育工作。

（三）发展学前教育要坚持公益性和普惠性

目前我国学前教育尚不属于义务教育的范畴，学前教育的教育成本由国家、社会、家庭三方合力分担，具有公益性和普惠性。

公益性和普惠性的政策依据是2010年颁布的《国务院关于当前发展学前教育的若干意见》。该文件提出："发展学前教育，必须坚持公益性和普惠性，努力构建覆盖城乡、布局合理的学前教育公共服务体系，保障适龄儿童接受基本的、有质量的学前教育；必须坚持政府主导，社会参与，公办民办并举，落实各级政府责任，充分调动各方面积极性；必须坚持改革创新，着力破除制约学前教育科学发展的体制机制障碍。"这一要求反映了我国学前教育的五个基本内涵：一是公共服务体系要覆盖城乡，二是为所有适龄儿童接受基本的、有质量的学前教育提供保障，三是政府主导下的公办民办并举办园，四是教育成本各方合力分担，五是坚持体制创新。因此，公益性和普惠性的学前教育就是要让学前儿童以相对较低的成本获得有基本质量保证的学前教育服务，这是我国当前学前教育改革的主要目标。

二、学前教育的专业独特性

人们的习惯性思维认为，在不同的教育阶段，对教育者的专业要求有所不同：教育阶段越高，教育者所需的学科知识越多，对教育者的专业要求越高；教育阶段越低，教育者所需的学科知识越少，对教育者的专业要求越低。学前教育的主要对象是处在个体发展最初阶段的学前儿童，教育者只要具备最基本的学科知识，便能胜任工作。事实上，这是一种狭隘、陈旧的观念，它以幼儿园教师掌握学科知识的程度来评判其专业性。"这种狭隘的知识专业观，运用于特定行业或特定职业发展水平的评判上，就是以从属于该行业或职业的一种片面的、单一的知识形态及其结构和效用，作为评估该行业或职业的专业性的标准。简而言之，就是把单纯的学科知识等同于专业。”[①]

学前儿童虽然对于世界的认识是懵懂的、浅显的，获得的生活经验主要是间接的、少量的，但是，由于他们所处的学前阶段是人一生发展的基础阶段，这就决定了学前教育的专业独特性。

（一）学前教育的首要任务是保育工作

在人类个体一生的发展过程中，学前儿童正处在身体发育和心理发展的重要时期。在这一时期他们需要精心的保育和照料，主要表现在：他们的身体和神经系统正在迅速发展，但尚未达到健全水平，还需要养育者给予足够的营养和照料；他们的精细动作正处于逐渐发展之中，只能满足基本的生活活动，还需要养育者的陪伴和帮助；他们的行为能力才初步发展，自我计划和自我调适能力不足，还需要养育者的监督和训练。此外，这个阶段的儿童已经有了探究世界的兴趣，他们很容易被周围的环境和事物吸引，可能会在不自知的情况下让自己处于不安全的情境之中，这就更需要养育者做好保育工作（图2–1~图2–3）。

《3—6岁儿童学习与发展指南》指出：“发育良好的身体、愉快的情绪、强健的体质、协调的动作、良好的生活习惯和基本生活能力是幼儿身心健康的重要标志，也是其他领域学习与发展的基础。”由此可以看出，学前教育的首要任务，就是要通过保育工作为学前儿童提供足够的支持，促进儿童在身心与动作、生活习惯与生活能力方面的发展。

图2–1　幼儿园晨检

图2–2　照顾幼儿进餐

图2–3　桌椅清洁消毒

① 丁海东.幼儿园教师职业的专业性及其发生根基［J］.学前教育研究，2015（11）：21-27.

资料 2-1

《幼儿园教师专业标准（试行）》摘录

·关爱幼儿，重视幼儿身心健康，将保护幼儿生命安全放在首位。

·重视生活对幼儿健康成长的重要价值，积极创造条件，让幼儿拥有快乐的幼儿园生活。

·注重保教结合，培育幼儿良好的意志品质，帮助幼儿养成良好的行为习惯。

·了解关于幼儿生存、发展和保护的有关法律法规及政策规定。

·了解有特殊需要幼儿的身心发展特点及教育策略与方法。

·熟知幼儿园的安全应急预案，掌握意外事故和危险情况下幼儿安全防护与救助的基本方法。

·建立班级秩序与规则，营造良好的班级氛围，让幼儿感受到安全、舒适。

·科学照料幼儿日常生活，指导和协助保育员做好班级常规保育和卫生工作。

·有效保护幼儿，及时处理幼儿的常见事故，危险情况优先救护幼儿。

（二）学前教育的本位职能是教育活动

学前儿童正处在心理发展和能力培养的关键时期，他们需要的不是从正规教学活动中获得的知识性、学科性信息，而是从日常生活、游戏等途径中获取的信息。因此，幼儿园教师要为他们提供各种机会，创设一定的生活情境，使他们快乐地感受世界、表现兴趣、表达情感、萌发态度、激起动机、获得技能、积累经验等，从而为儿童今后的成长、学习和终身发展奠定基础（图2–4）。例如，带领儿童在不同的季节感受自然界的变化（图2–5、图2–6），训练儿童的防诱拐、防灾等社会技能。这些教育任务靠单纯的知识传递是不能真正完成的，这就要求幼儿园教师不仅要掌握关于健康、社会、语言、科学、艺术等领域的学科性知识，还要掌握相应的保育和教育知识、幼儿发展知识等，并结合教研活动，将它们应用到幼儿园一日生活中去，从而为儿童提供有效的支持和帮助（图2–7）。

图2–4　集体教学活动

图2–5　认识秋天的活动

图2–6　认识冬天的活动

图2–7　教研活动

资料 2–2

《幼儿园教师专业标准（试行）》摘录

·注重保护幼儿的好奇心，培养幼儿的想象力，发掘幼儿的兴趣爱好。

·重视环境和游戏对幼儿发展的独特作用，创设富有教育意义的环境氛围，将游戏作为幼儿的主要活动。

·重视丰富幼儿多方面的直接经验，将探索、交往等实践活动作为幼儿最重要的学习方式。

·掌握不同年龄幼儿身心发展特点、规律和促进幼儿全面发展的策略与方法。

·了解幼儿在发展水平、速度与优势领域等方面的个体差异，掌握对应的策略与方法。

·了解幼儿发展中容易出现的问题与适宜的对策。

·掌握幼儿园各领域教育的学科特点与基本知识。

·掌握幼儿园环境创设、一日生活安排、游戏与教育活动、保育和班级管理的知识与方法。

·掌握观察、谈话、记录等了解幼儿的基本方法和教育心理学的基本原理和方法。

·合理安排和组织一日生活的各个环节，将教育灵活地渗透到一日生活中。

·提供符合幼儿兴趣需要、年龄特点和发展目标的游戏条件。

·充分利用与合理设计游戏活动空间，提供丰富、适宜的游戏材料，支持、引发和促进幼儿的游戏。

·鼓励幼儿自主选择游戏内容、伙伴和材料，支持幼儿主动地、创造性地开展游戏，充分体验游戏的快乐和满足。

·引导幼儿在游戏活动中获得身体、认知、语言和社会性等多方面的发展。

·制定阶段性的教育活动计划和具体活动方案。

·在教育活动中观察幼儿，根据幼儿的表现和需要，调整活动，给予适宜的指导。

·在教育活动的设计和实施中体现趣味性、综合性和生活化，灵活运用各种组织形式和适宜的教育方式。

·提供更多的操作探索、交流合作、表达表现的机会，支持和促进幼儿主动学习。

·关注幼儿日常表现，及时发现和赏识每个幼儿的点滴进步，注重激发和保护幼儿的积极性、自信心。

·有效运用评价结果，指导下一步教育活动的开展。

（三）学前教育与家庭教育、社区教育密不可分

学前教育从来都不是独立发挥作用的，它不可避免地受到家庭、社区以及与之相关的各种因素的影响。幼儿园、家庭、社区三大因素相互制约、相互影响，共同构成了一个复杂的学前教育生态环境，其中任何一个因素的变化都会对其他因素造成影响，从而使学前教育呈现动态发展的趋势。这种生态学视域的考量，使教育者关注并积极利用家庭和社区的各种资源，挖掘它们的教育元素并有效地服务于学前教育。

家庭教育是学前教育的重要组成部分。家庭教育对于学前儿童来说，具有无可替代的、潜移默化的深远影响，且这种影响是持续性的。鉴于家庭教育的重要作用，学前教育可以充分利用家庭教育的积极因素，将家庭教育和幼儿园教育相结合，开展一系列活动。例如，幼儿园可以利用“亲子运动会”“家长进课堂”“亲子阅读”“家长志愿者”“成长档案分享”等形式，或者设计一些教学延伸活动，与家庭形成教育合力（图2–8、图2–9）。幼儿园还可以利用“家长开放日”“家长座谈会”等形式，宣传家园共育的意义、原则和方法，促进家庭教育的规范化和科学化，并对家庭教育发挥辅导、监督和帮助作用。

图2-8　亲子运动会

图2-9　家长进课堂

社区教育是学前教育的有机组成部分。学前教育应充分利用社区教育的开放性特征，使其成为学前教育的重要实践平台。所以，幼儿园教育应与社区教育相联系，使儿童在幼儿园学到的各种技能和技巧可以在社区得到有效的训练、强化和迁移。另外，儿童还可以在社区观察、发现、探究和解决问题，使生活经验得到积累和丰富。例如，幼儿园利用“国庆节”“重阳节”“端午节”等节庆活动与社区联合开展社会体验活动，让儿童感受爱祖国、爱家乡的情感，激发他们的民族自豪感。这都是对社区价值的有效利用（图2–10、图2–11）。

图2–10　园社活动——绘画

图2–11　园社活动——涂鸦墙

资料 2-3

《幼儿园教师专业标准（试行）》摘录

·重视幼儿园、家庭和社区的合作，综合利用各种资源。

·合理利用资源，为幼儿提供和制作适合的玩教具和学习材料，引发和支持幼儿的主动活动。

·有效运用观察、谈话、家园联系、作品分析等多种方法，客观地、全面地了解和评价幼儿。

·与家长进行有效沟通合作，共同促进幼儿发展。

（四）学前教育与小学教育适时衔接

学前教育阶段是学校教育和终身教育的奠基阶段，学前教育的目标是为学前儿童的学习和终身发展奠定良好的基础，使学前儿童在德、智、体、美、劳等方面得到协调发展。因此，学前教育是全面的、启蒙性的教育，主要通过实施科学的保育和教育，帮助学前儿童学习和发展。学前教育的内容既包括健康、语言、社会、科学、艺术五个领域以及领域之间的相互渗透和整合，又包括一日生活的所有环节的教育，其主要任务是利用游戏这一基本活动，帮助学前儿童在直接感知、实际操作和亲身体验中培养良好的学习品质，获得基本的生活技能。

在基础教育体系中，学前教育与小学教育是两个相邻的教育阶段。学前教育与小学教育有着一脉相承的关系，是小学教育的基础。学前教育在教育内容、教育方法、教育形式、学习准备、行为习惯等方面，都应为小学教育提供支持。例如，幼儿园一般会在大班开展“参观小学”“我是小学生”等幼小衔接活动，目的就是激发儿童的入学兴趣和愿望，使他们向往小学生活，激发对小学学习活动的好奇心和求知欲，并初步了解小学的学习方式和课堂教学规范。又如，幼儿园大班会逐渐减少游戏活动，适当增加课堂活动，作息时间也会相应调整，在学习内容上开始渗透一些学习任务，并鼓励儿童倾听和阅读，为他们适应小学的生活和学习打好基础。

同时，小学教育也应当积极承担幼小衔接工作。小学教育主动对接学前教育，体现了小学教育与学前教育共同具有的儿童中心思想，保证了“小学界与幼教界的衔接”和“大教育学界与学前教育学界的衔接”。①所以，小学一年级应当在上学期适当延续幼儿园的教育形式和教育方法，尤其要尊重儿童游戏的权利。

我国关于“幼小衔接”的研究与实践已经具有了很多值得推广的经验，但“小幼衔接”的研究尚不充分，实践成果不多，还需要教育工作者深入研究处于过渡期的学前儿童的身心发展特点和需求，理解和尊重他们的学习方式，为他们的持续发展创造有利的环境和条件。

为了有效促进幼儿园与小学的科学衔接，全面做好入学准备和入学适应教育工作，确保儿童顺利实现从幼儿园向小学生活的过渡，2021年3月《教育部关于大力推进幼儿园与小学科学衔接的指导意见》颁布，针对长期以来存在的幼儿园和小学教育分离、衔接意识薄弱、过度重视知识准备、衔接机制不健全等问题，提出了坚持儿童为本、坚持双向衔接、坚持系统推进和坚持规范管理等四条基本原则和一系列有针对性的重要举措。同时，教育部还印发了《幼儿园入学准备教育指导要点》《小学入学适应教育指导要点》两个附件，从儿童发展的视角，分别对幼儿园做好入学准备教育和小学做好入学适应教育提出具体、可操作的指导。

---

① 刘晓东.中国小学教育亟待战略转型——兼论“幼小衔接”应向“小幼衔接”翻转［J］.湖南师范大学教育科学学报，2019，18（3）：1-7.

资料 2-4

《幼儿园入学准备教育指导要点》摘录

1. 全面准备。幼儿入学准备教育要以促进幼儿身心全面和谐发展为目标，注重身心准备、生活准备、社会准备和学习准备几方面的有机融合和渗透，不应片面追求某一方面或几方面的准备，更不应用小学知识技能的提前学习和强化训练替代全面准备。

2. 把握重点。入学准备教育是一个循序渐进的过程，幼儿园应从小班开始逐步培养幼儿健康的体魄、积极的态度和良好的习惯等身心基本素质。同时，应根据大班幼儿即将进入小学的特殊需要，围绕社会交往、自我调控、规则意识、专注坚持等进入小学所需的关键素质，提出科学有效的途径和方法，实施有针对性的入学准备教育。

3. 尊重规律。幼儿园应充分理解和尊重幼儿学习方式和特点，把入学准备教育目标和内容要求融入幼儿园游戏活动和一日生活，支持幼儿通过直接感知、实际操作和亲身体验等方式积累经验，逐步做好身心各方面的准备。

资料 2-5

《小学入学适应教育指导要点》摘录

1. 学校为儿童适应做好准备。小学应树立衔接意识，转变让儿童被动适应学校的观念做法，积极倾听儿童的需要，主动了解幼儿园教育特点，调整一年级的课程教学及管理方式，创设包容和支持性的学校环境，最大程度消除儿童的陌生体验和不适应，促进儿童以积极愉快的情绪投入小学生活。

2. 关注个体差异。要充分理解和尊重新生在原有经验、发展速度和发展水平上的差异，有针对性地为每个儿童提供个别化的指导和帮助，通过正面的肯定和鼓励，支持儿童不断获得积极的入学体验，促进他们按照自己的速度和方式逐步适应小学生活，切忌提过高的统一要求或进行横向比较，以免挫伤儿童入学的积极性。

3. 设置入学适应期。小学一年级上学期作为幼小衔接适应期，要关注新生的生理和心理需要，创设与幼儿园相衔接的班级环境，适度调整作息安排，提供一定数量的图画书、玩具和操作材料，帮助儿童逐步适应从游戏活动为主向课堂教学为主的转变。

4. 坚持深化改革。积极参与幼儿园的入学准备活动，实施与幼儿园相衔接的入学适应教育，合理安排一年级课程内容，改革教育教学方式，强化以儿童为主体的探究性、体验式学习，为每个儿童搭建成长适应的阶梯。改革一年级的教学评价方式，重点聚焦教师是否熟知儿童身心发展状况和特点，课程实施是否能有效帮助儿童适应小学生活。

三、学前教育专业的发展历程

我国学前教育专业的雏形可以追溯至1903年成立的湖北幼稚园附属女子学堂，招收15~35岁的女子专门学习幼儿师范课程。由于受到教育上的“女禁”影响，湖北幼稚园附属女子学堂不久便被撤销。1907年《女子师范学堂章程》颁布后，西方教会所办的幼师机构发展较快，如厦门怀德幼稚师范学校（1912年）、福州协和幼稚师范学校（1915年）、杭州弘道女学幼师科（1916年）、苏州景海女学幼师科（1917年）等。20世纪20年代开始，国人自办的幼师机构表现出良好的势头，如厦门集美幼稚师范学校（1927年）、北平幼稚师范学校（1930年）等。[①]1940年10月，陈鹤琴在江西泰和创办了我国第一所公立幼稚师

① 田景正.中国幼儿师范教育的世纪回顾与前瞻［J］.学前教育研究，2015(Z1)：58-60.

范学校，即江西省立实验幼稚师范学校（图2–12）。1943年，该校由省立改为国立，同时增设幼稚师范专修科。抗战胜利后，专科部迁至上海，成为国立幼稚师范专科学校。

图2–12　江西省立实验幼稚师范学校师生合影

中华人民共和国成立后，幼儿师范教育进入发展期。1952年，教育部颁布《师范学校暂行规程（草案）》，规定“师范学校得附设幼儿师范科”，幼儿师范教育体系初步形成。在经历了“文革”期间的停滞期后，1978年10月，教育部颁布《关于加强和发展师范教育的意见》，指出“原有的学前教育专业的师范院校应积极办好这个专业，扩大招生名额，为各地培养幼师师资”。于是，我国幼儿师范学校和高等师范院校学前教育专业陆续恢复招生，幼儿师范教育进入快速发展期。

20世纪80年代后，高等师范院校学前教育专业在招收本科生的同时，相继开始招收和培养研究生。例如：北京师范大学学前教育专业从1984年起招收和培养硕士研究生，成为我国（除港澳台外）学前教育专业研究生教育的开始。此后，北京师范大学又于1993年开始招收和培养学前教育专业博士研究生。1994年，南京师范大学学前教育专业拥有了我国第一个幼儿教育学博士点。2001年，华东师范大学学前教育专业开始招收博士研究生。[①]

① 朱永新.中国教育改革大系·学前教育卷［M］.武汉：湖北教育出版社，2016：393-394.

高等师范院校在进行学前教育专业本科、硕士及博士人才培养的同时，还开展了并系建院的内部调整工作。随后，许多中专层次的幼儿师范学校通过并入高校、独立升格、“三二分段”或“五年一贯制”专科教育等方式，逐步实现了办学层次的提升。[①]目前，我国学前教育专业的发展实现了质的飞跃，已成为院校专业设置中的重要组成部分。

四、幼儿园教师的专业核心素养

幼儿园教师是具有较强的专业核心素养、能够胜任新时代需要的专业人员。学前教育专业学生需要深入理解、认可和接纳自己作为未来幼儿园教师应具备的专业核心素养，并通过四年的大学学习获得专业成长和发展。

（一）专业情意与获得——做学前教育的坚守者

专业情意是教师从事学前教育专业活动所表现出来的对本专业的情感、兴趣、热情以及相应的意志行动，是激发和维持幼儿园教师专业行为的内在驱动力。具有一定专业情意的教师，能在专业活动中体验到强烈的实践感和理智感，并能激发出相应的行动动力；能在从事专业活动时目标明确，计划合理，能够不断调整自己的教育教学行为，克服各种工作困难。因此，专业情意的获得，是幼儿园教师是否具有扎实专业思想和稳定专业信念的情感保证。

具有学前教育专业情意的教师，他们相信学前教育是充满创造和乐趣的，认同学前教育的专业性和独特性，愿意从事学前教育事业；他们理解学前教育对儿童成长、幼儿园教师发展和社会进步的重要意义；他们认可关于儿童权利的内容，熟悉维护学前儿童合法权益的途径；他们了解我国、本省、本地区有关学前教育的政策法规，了解幼儿园教师的权利、义务和责任，遵守幼儿园教师的职业道德。作为一名学前教育专业的学生，应当通过四年的专业学习，自

① 朱永新.中国教育改革大系·学前教育卷［M］.武汉：湖北教育出版社，2016：398.

觉培养、塑造并坚定自己的职业道德愿景，逐渐获得专业情意，努力使自己成为学前教育的坚守者。

案例 2-1

为孩子播下幸福的种子[①]

——记甘肃省兰州市实验幼儿园原园长刘志

爱我所做，做我所爱，以良好的职业形象，诠释新时期幼儿园教师良好的职业道德

1987年，刘志从西北师范大学学前教育专业毕业了。她是那一届学前教育专业唯一到一线幼儿园任教的毕业生。这一干，就是34年。34年的幼教生涯，她从一名普通的幼儿园教师，成长为一名优秀的幼儿园园长，带领着她的团队以专业的精神，实现着办理想幼儿园的梦想（图2–13）。

图2–13　刘志和孩子在一起

多少年来，她每天总是第一个到园，最后一个离园，深入班级了解孩子的饮食、午休、教育教学活动的开展情况。她最喜欢做的事情，就是与孩子们聊天、一起玩游戏，全园孩子的名字她几乎都能一一叫出来。她了解和掌握了大多数孩子的特点，在与家长沟通时，常常给他们一些好的育儿建议，赢得了广大家长与同行的尊敬和爱戴。工作中，她努力坚守教育的原则，怀着一份自然、朴实、宽厚的情怀，倾听来自儿童心底的声音，努力把幼儿园建成一个多姿多彩的生态园，让孩子们像幼儿园中的山楂树一样沐浴阳光雨露，自由、自信、饱满的成长。

① 摘自共产党员网，内容有改动。

安安静静，扎扎实实，以执着的职业精神，让孩子们拥有快乐的童年

走进兰州市实验幼儿园，首先映入眼帘的是园中三棵茂盛的山楂树，它们见证了实验幼儿园的发展历程，很好地诠释了实验幼儿园的办园理念——为孩子播下幸福的种子，让他们拥有甜美、快乐的童年。秉承这样一个办园理念，在幼儿园的发展过程中，刘志带领她的团队超越功利，面对各种各样扑面而来的教育方案，她大胆质疑，自觉用教育的眼光关爱儿童，建构美好的教育生活，保卫儿童的童年，为他们幸福的人生奠定基础。

每年的“六一”儿童节，是幼儿园最隆重的节日。她组织全园教师开展调研活动，认真倾听孩子们的心声，最终确定了“实验幼儿园的孩子，在园3年要过3个不一样的儿童节”，即“六一”童话节、“六一”合唱节和“六一”民间游戏节。

“六一”童话节是让父母和教师共同为孩子演出精彩的童话剧；“六一”合唱节是让父母和孩子一起演唱优秀童谣；“六一”民间游戏节是让父母和孩子一起表演传统的民间游戏。与众不同的“六一”活动，给孩子们留下了难忘的体验，给家长们带来了无痕的教育与改变，也得到了老师们的信任与支持。

提升自我，成就教师，以专业的职业态度，享受教育带来的快乐与幸福

在幼儿园任教初期，刘志也经历了从理论到实际保教工作的转变和适应过程。30多年来，她从一名普通教师到幼儿园年级组长、教研组长、保教副园长、园长，一步步成长起来。担任园长以后，她以自己扎实的幼儿教育专业理论知识，凭借多年积累的丰富教育教学经验，坚持组织开展幼儿园保教工作的实践、探索与创新，以教科研促进教师专业化成长，把提高青年教师的业务水平作为重要任务来抓。

刘志主持开展省级重点课题，组织全园骨干教师编写《甘肃省幼儿园快乐与发展课程》资源包，受聘担任国家级培训项目主讲教师，毫无保留地将自己多年积累的幼教经验分享给同行。

注重内涵，科学办园，以开放的职业情怀，发挥实验幼儿园的示范、引领和辐射作用

刘志带领实验幼儿园全体教师，坚持以人为本、促进幼儿全面健康发展的办园新理念，把文化作为凝聚和激励全体教职工的精神力量并形成巨大的内驱力，推动幼儿园可持续发展。她组织领导班子及全体教职工，共同谋划幼儿园的发展蓝图，为每一位教职工成长发展搭建平台。

刘志充分发挥省级示范性幼儿园的引领、辐射、带动作用，积极承担对农村幼儿园的对口帮扶工作，真心实意地为帮扶幼儿园出谋划策，手把手指导和开展各项工作，从而使对口帮扶幼儿园的办园质量有了根本性的改变。她还心系民族地区和贫困地区的幼儿教育发展，多次率领本园骨干教师开展支教活动，为当地幼儿园的教师举办专题报告，受到了幼教同行的一致好评。

评述：分析刘志的专业发展之路就会发现，她从普通新手教师到专家型教师的成长过程，是一个专业化发展的过程。她作出的不懈努力并取得的成绩，基于她先进的教育理念和扎实的专业功底。她关注教学活动中的每位幼儿，关注日常生活中的每位幼儿，珍惜与每位幼儿的互动，重视对每位幼儿的发展和评价；她在工作中与同事和谐相处，尊重和帮助幼儿园教辅人员；她服从和支持幼儿园的各项工作，配合和指导教师做好保教工作和家长工作；她关注教学研究，既关注幼儿园教师的培训，又关注自我发展。她做的事情平凡而珍贵，却使幼儿和家长受益，也使自己和同事得到了专业发展。刘志是千千万万个幼儿园教师中的一员，她多年的专业坚守，源于她对学前教育深厚而持久的专业情意。这份情意朴素、真挚，虽有一种静水流深的从容，却充满了行为感召力，是学前教育专业学生成长的榜样。

（二）执业能力与操作——做儿童发展的帮助者

执业能力是教师从事学前教育工作必须具备的操作能力，具有鲜明的实践性。执业能力是幼儿园教师在职业活动中逐渐积累和熟练起来的动作技能与心智技能的结合，是幼儿园教师顺利从事职业活动的技能保障，反映出教师对于学前教育的专业性和独特性的胜任度和执行力。

具有较强执业能力的幼儿园教师，他们了解有关幼儿常见疾病、发展障碍、学习障碍等方面的基础知识及相应的处置方法；他们掌握照顾幼儿安全生活的基本方法和技能，熟悉幼儿园健康、语言、社会、科学、艺术等各大领域的教育目标，并能以此指引自己的学习和教育实践工作；他们理解综合实施幼儿园教育活动的价值，会设计和实施幼儿园教育活动方案；他们了解幼儿的生活经验，能引导幼儿在游戏等活动中建构知识、表现创造力；他们认可家园合作、园社沟通的价值，能利用和开发各种有效资源，创设有利于幼儿发展的环境；他们了解儿童保育教育的知识和一般方法，了解小学教育的有关知识，掌握幼小衔接的一般方法。正是因为他们拥有相对全面的执业能力，所以他们能在工作中善于思考，灵活应变，坦然面对不同的教育情境，工作成效显著。作为一名学前教育专业的学生，应通过四年的专业学习，刻苦学习专业知识，不断训练专业技能，努力使自己成为儿童发展的帮助者。

（三）教育研究与反思——做教育教学的研究者

教育研究与反思是教师研究教育教学规律、解决教育教学中的实际问题、帮助学前儿童发展、促进自我成长的重要能力。从某种意义上讲，幼儿园一线教师开展的研究可能对教育实践更有意义，也更有可能改变教育实践，因为一线教师是幼儿园教育教学的亲历者和实践者，他们在专业发展中的开放性心态和敏感性体验源于对自我成长的反思。具有较强反思能力的教师，善于在不同的教育实践背景下，以具体工作问题为对象，对自己或他人的教育教学行为进行细致的观察、客观的批判、合理的解读和适当的调整。因此，具有教育研究与反思能力的教师，其专业发展潜质更大、后劲更足。

具有较强的教育研究与反思能力的幼儿园教师，他们能够进行自主、合作、探究学习，不断提高学习能力、教育教学实践能力和创新能力；他们能够利用各种机会积累个人经验，反思、研究教学；他们能够对学前教育中的各种现象进行专业层面的思考与判断；他们能够较熟练地撰写反思笔记、教育随笔等反思性专业成长材料；他们有能力阅读各种书籍，对学前儿童学习的价值有深刻的认识，理解学前教育专业的各种政策性文件和制度性文本，熟悉专业标准；他们知道各类课题申报的一般程序和基本方法，会撰写文献综述、研究论文；他们在思想上认同素质教育理念，理解并愿意参与教育改革，在行动上深耕细作，使教育教学工作有理、有序、有效。作为一名学前教育专业的学生，应通过四年的专业学习，培养和巩固反思意识，训练和强化研究能力，努力使自己成为幼儿园教育教学的研究者。

（四）专业理论与实践——做学前教育领域的知情者

专业理论与实践是教师从事学前教育工作的思维方式和实践依据，它以理论性知识和实践性知识的形式深刻地影响教师的行为。由于专业理论能够相对清晰地解释教育教学实践中存在的普遍性问题，从而使不同的教育情境呈现出其固有的规律。因此，具有扎实的专业理论知识与实践能力的幼儿园教师，对尊重儿童发展规律和学习特点有深刻的理解和把握，对自身在教育教学中的角色有适当的定位，能够按照教育规律办事，具有学术洞察力和专业敏锐性。

具有专业理论与实践的教师，他们了解学前教育发展的历史、现状及趋势，了解学前教育学科的前沿知识、课程改革和教育研究的最新成果；他们掌握学前课程及游戏理论，能顺利地将专业理论迁移到教育实践中；他们掌握学前教育评价的理论与技术，能够尝试利用教育评价成果创造性地开展教育教学活动。作为一名学前教育专业的学生，应通过四年的专业学习，夯实专业理论基础，积极开展各项教育实践活动，努力使自己成为学前教育领域的知情者。

（五）儿童知识与行为——做儿童行为的观察者

儿童知识是对儿童发展特点、规律的高度概括和提炼。掌握儿童知识是教师开展教学活动的前提。

具有丰富的儿童知识的教师，他们了解学前儿童认知发展的特点，知道学前儿童的学习方式及其影响因素，熟悉学前儿童建构知识、获得技能的过程；他们知道学前儿童品德和习惯形成的过程和规律，掌握学前儿童情感、社会性、意志、个性发展的特点及规律；他们拥有学前儿童心理健康教育基本知识，会用一定的方法和技术处理学前儿童常见的心理及行为问题；他们掌握观察、谈话、倾听、作品分析等认识学前儿童特点、评价学前儿童发展的基本方法。作为一名学前教育专业的学生，应通过四年的专业学习，树立观察儿童的意识，养成观察儿童的习惯，获得观察和评价儿童的方法和技能，努力使自己成为儿童行为的观察者。

案例 2-2

儿童行为的观察与分析

午点时间到了。4岁10个月的琪琪坐在椅子上，对着4岁8个月的露露说：“你坐到这儿来，挨着我。”于是，露露和琪琪坐在一起吃午点。琪琪拿了五块小面包片，一边往自己的盘子里放，一边数：“1、2、3。”她数到“3”之后，又从“1”开始数。接着，她用勺子往面包片上抹果酱，边抹边说：“我要抹一点儿果酱。”后来，她又对露露说：“我奶奶家有一只小狗，它的叫声很大，我把耳朵都捂上了。”说着，她将两张餐巾纸捂在了自己的耳朵上。露露看到后也这样做了，不过，她是将面包片捂在了耳朵上。两个孩子都笑了起来。

根据以上观察记录，张老师对琪琪在活动中表现出的发展水平进行了分析：在这次观察中，琪琪的发展主要涉及四个方面。第一，从认知发展来看，琪琪能用一一对应的方式从“1”点数到“3”。第二，从语言发展来看，琪琪能运用语言表达自己的想法和生活经验。第三，从动作发展来看，琪琪能坐在椅子上，能用勺子抹果酱，知道用餐巾纸捂住耳朵。第四，从社会性发展来看，琪琪能邀请露露坐在自己身边，能和她顺利交谈。

基于以上分析，张老师对照《3—6岁儿童学习与发展指南》，对琪琪的发展水平作出初步评价，得出以下结论：第一，琪琪只能点数到“3”，这是较小年龄儿童的发展水平，因此，她的数学认知能力还需要进一步观察。第二，琪琪的语言发展正常。第三，琪琪的精细动作发展正常。第四，琪琪的社会性发展正常。

接下来，张老师根据这一评价结果作出以下课程设计：主要针对琪琪表现出来的计数水平，开展一些具体的计数活动，如帮助老师数一数活动室里有多少个小朋友、玩蹦床或荡秋千时数一数玩了多少下等，以了解和确定她是否能用一一对应的方式点数更多数字。

评述：对学前儿童的发展进行评价，意味着要把他们的行为与该年龄段儿童的发展水平联系起来，张老师很好地做到了这一点。她的观察评价思路是这样的：第一，《3—6岁儿童学习与发展指南》对3—4岁儿童在数学认知方面的合理期望是“能手口一致地点数5个以内的物体，并能说出总数”，对于4—5岁儿童在数学认知方面的合理期望是“能通过实际操作理解数与数之间的关系”。由于琪琪目前只能点数到“3”，属于3—4岁儿童的发展水平，因此，她的数学认知能力还需要进一步观察。第二，《3—

6岁儿童学习与发展指南》对本年龄段的儿童在语言发展方面的合理期望是“愿意与他人交谈，喜欢谈论自己感兴趣的话题；能基本完整地讲述自己的所见所闻和经历的事情；讲述比较连贯”。因此，琪琪的语言发展正常。第三，《3—6岁儿童学习与发展指南》对于儿童在动作发展方面的合理期望是“具有一定的平衡能力，动作协调、灵敏”。因此，琪琪的精细动作发展正常。第四，《3—6岁儿童学习与发展指南》对本年龄段的儿童在社会性发展方面的合理期望是“喜欢和小朋友一起游戏，有经常一起玩的小伙伴”。因此，琪琪的社会性发展正常。针对琪琪在数学认知方面的问题，张老师设计了简便易行的后续观察计划，以便能够运用自然观察的方法，在儿童活动中获得更全面、准确的观察资料。

（六）自我发展与调适——做开放包容的合作者

自我发展与调适是教师为适应专业活动，有意塑造与学前教育职业相匹配的个性特征，不断发展和完善积极的心理品质。自我发展与调适能为教师提供持续、坚实的心理保障。在工作环境中，幼儿园教师需要保持一种亲切、热情和持久的人际关系，能熟练地表达自己的思想，恰当地理解他人的感受，灵活地转换社会角色；他们需要在理智和实践的作用下逐渐变得成熟而稳重、自信而知足、平和而开朗，并表现出良好的职业素养，这是一种持续的、可喜的社会化表现。因此，具有自我发展与调适能力的教师，在工作环境中能恰当认识他人和他物，能适当定位个人角色，更能在变化的环境中不断调整自己的情绪、行为和思想，以适应专业要求。

具有自我发展与调适能力的教师，他们了解教师专业发展的阶段与途径，熟悉教师专业发展规划的一般方法，能理解与分享优秀教师的成功经验；他们了解教师专业发展的影响因素，能利用以课程学习为主的各种机会，积累个人成长经验，塑造与职业相匹配的个性特征；他们能客观认识和评价自己，主动改变自己以适应环境；他们能客观看待和面对自己的心理问题和学习、工作中的各种压力，会使用有效的心理调适技术应对心理问题和压力。作为一名学前教育专业的学生，应在四年的专业学习中，重视自我修养和自我发展，学会调适自己的情绪和行为，以轻松的心态与人交往，努力使自己成为开放包容的合作者。

案例 2-3

入职初期的日子

——一名幼儿园教师的自述

大学一毕业，我就来到了幼儿园工作。刚开始时，我很不适应，我对这份工作充满了担心和忧虑，经常会有一系列问题出现在我面前，比如，怎样设计教育活动、怎样教育幼儿、如何与同事相处、如何与幼儿家长交流、怎么做教研工作等。

面对这些问题我感到了前所未有的压力，我曾沮丧过一段时间。但是，经过慎重思考，我还是不想被这些问题和压力打败，我相信凭借自己的能力一定可以胜任这份工作。于是，我试着调整自己的心态，提高自己工作的主动性。在遇到问题时，我积极向同事请教；在开展教研活动时，我认真学习，参与讨论，大胆分享自己的观点；在同事遇到难题时，我主动提供建议和办法；在与同事合作时，我耐心听取同事的想法，默契配合。我很快融入了幼儿园这个温暖的大集体。

此外，我在努力适应工作时，还进行教育反思。我制订了一个详细的反思计划，有日反思、周反思、月反思等，不仅记录了自己对教育活动的看法，还记录了自己在工作时哪些方面做得好、哪些方面有待改进。这些教育反思对我的工作起到了很大的帮助作用。在日常工作中，我也很乐意将自己的所思所想分享给同事。

评述：入职初期是新教师从学生身份向教师身份转变的职业适应期。在这一时期，新教师一般都会出现诸多不适应，这是正常现象。但是，幼儿园是具有共同目标和稳定关系的组织系统，幼儿园教师之间的协调合作是实现组织目标的有力保障。因此，在入职初期，教师应当了解并定位自己的幼儿园教师身份，学习相应的角色规范，调适自己的言行举止，使自己尽快融入幼儿园集体，以实现教师队伍的团结协作。这名新教师是一个有一定自觉力的人，她能在入职初期尽快调整自己的思想和行为，努力使自己成为开放包容的合作者，这为她今后的专业发展奠定了良好的心理基础。

（七）文化素养与拓展——做儿童成长的滋养者

文化素养与拓展是教师职业素养的综合体现，是幼儿园良好精神环境的重要组成部分。具有较高文化素养的教师，对于学前儿童能起到启发智慧、激发兴趣、开阔眼界的作用。同时，较高的文化素养能为教师理解学前教育思想、开发生成课程、设计教育活动提供充沛的养分，从这个意义上说，文化素养是幼儿园教师取得工作成效的专业保障。

具有一定文化素养的教师，他们具备应有的政治思想、科学及人文素养，能较好地感受、理解和解读音乐、美术等艺术作品，有一定的艺术鉴赏力；他们能采用恰当的艺术手段进行表达，能用恰当的艺术形式和方法感染儿童；他们能支持和鼓励儿童感受、理解艺术并用各种形式进行表现；他们能利用科学及人文知识开发幼儿园课程，能顺利组织和开展各种教育活动；他们能利用恰当的方法教给学前儿童初步的艺术技能，并对具有特殊艺术需求的学前儿童予以关照。作为一名学前教育专业的学生，应在四年的专业学习中，不断学习文化知识，积极加强艺术训练，努力提高文化素养，使自己成为学前儿童成长的滋养者。

扫描下面的二维码，说一说：在这些活动中需要教师具备哪些专业核心素养？

二维码2-1 “奇妙的张力”活动设计方案

二维码2-2 “奇妙的张力”活动设计视频

| 教育家介绍 |

杰出的女幼儿教育家——蒙台梭利①

蒙台梭利（M. Montessori，1870—1952）是意大利杰出的幼儿教育家，也是意大利历史上第一位女医学博士，欧洲“新教育”运动的代表人物（图2–14）。她的主要著作有《童年的秘密》《儿童的发现》《蒙台梭利教学法》《教育人类学》《有吸收力的心理》等。

图2–14　蒙台梭利

蒙台梭利的“儿童之家”。她提出“儿童智力缺陷主要是教育问题，而不是医学问题”的观点，号召人们关心特殊儿童，应为他们提供适宜的教育。1907年，她在罗马贫民区创办了“儿童之家”，这是一所实验性质的幼儿学校，她把用于智力有缺陷儿童的教育方法修改后运用于正常儿童，同样取得了很大的成功。她总结“儿童之家”的实践经验，并于1909年出版了《蒙台梭利教学法》一书，系统阐述了她的教育思想和教

① 参见唐淑.学前教育思想史［M］.北京：人民教育出版社，2018：356-364；陈文华，马金祥.中外学前教育史（第四版）［M］.北京：科学出版社，2021：243-250；唐淑.学前教育史［M］.北京：人民教育出版社，2019：358-366.

育方法，此后蒙台梭利教学法风靡世界。

蒙台梭利的儿童观。她认为，在儿童身上存在着一种天赋的、强烈的内在潜力，即“吸收心理”，它制约着儿童的发展。她指出，儿童对于环境的刺激具有敏感性，这是他们获得知识和技能的敏感期，包括秩序敏感期、细节敏感期、行走敏感期和语言敏感期等。基于这一思想，她主张要在儿童发展的敏感期对他们进行引导和帮助，以避免因错过敏感期而使儿童发展出现障碍。

蒙台梭利的教育原则。她提出了自由的原则和工作的原则。她认为，教育者应为儿童创设能使他们自由活动的环境，让他们按照自己的内在需求选择各种作业，体验自己的力量，从而促进他们内在潜力的发展。但是，幼儿的自由活动并不意味着他们可以为所欲为，必须在自由的基础上培养纪律性。她指出，工作能使儿童养成严肃、认真、准确、有责任感和守纪律的良好习惯，并培养儿童的各种能力，因此，工作是儿童最好的活动，儿童应在教育者提供的有准备的、减少障碍物的、有秩序的环境中安静、有规律的生活和工作。

蒙台梭利的教育内容。她指出，幼儿教育的内容应包括感官教育、读写算的练习和实际生活练习，这是她教育体系的重要组成部分。

蒙台梭利的教师观。她认为，教师不是自上而下的传授知识者，而是儿童发展的观察者、自由环境的提供者和操作方法的示范者。此外，教师还应成为学校与家庭、社区的联络者与沟通者。

| 练习与反思 |

1. 设计“幼儿园工作特点调查分析表”，并撰写《幼儿园工作特点调查分析报告》。

2. 概括幼儿园教师专业核心素养的主要内容。

3. 撰写《基于幼儿园教师专业核心素养的自我分析报告》。

4. 绘制以本篇内容为主题的思维导图，至少包含三级分支。

5. 填写以下反思内容：

关于本篇学习内容，我有如下问题：

对于上述问题，我尝试进行如下解答：

完成本篇内容的学习后，我有话要说：

我想就本周阅读过的书籍或文献谈谈自己的心得：

第三篇

励学专长：悉识学前教育专业课程

> 培养什么人、怎样培养人、为谁培养人是教育的根本问题，立德树人成效是检验高校一切工作的根本标准。落实立德树人根本任务，必须将价值塑造、知识传授和能力培养三者融为一体、不可割裂。
>
> ——教育部《高等学校课程思政建设指导纲要》

| 学习导引 |

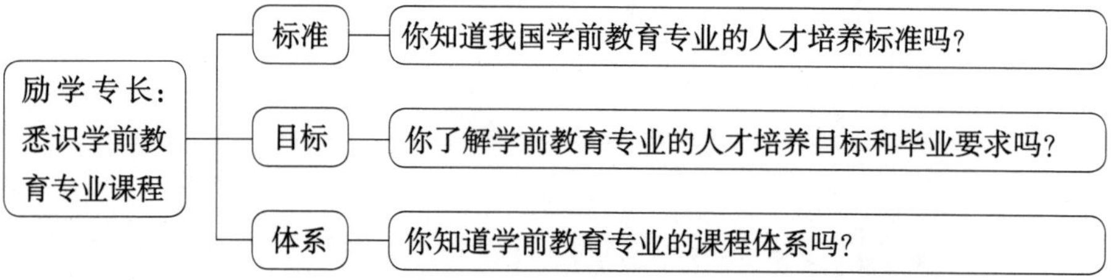

满足社会对学前教育专业人才的需求是举办学前教育专业高校的使命，这对幼儿园教师的培养过程及其成果提出了更高、更具体的要求。高校在系统实施专业标准化建设的过程中，应从幼儿园教师的专业核心素养出发，明确专业定位，设计出与社会需求相契合的人才培养标准。学前教育专业学生应当了解国家、社会和学校对专业人才培养质量的追求，清楚所在学校的人才培养目标、毕业要求和课程设置。

一、学前教育专业的人才培养标准

在开展专业标准化建设的过程中，高校立足学前教育的特殊性，在国家相关政策的指引下，明晰当代幼儿园教师应具备的核心素养，采用倒推课程的技术路线，完成课程架构及人才培养方案的整体设计。在人才培养的内容设计上，明确了学前教育专业人才培养方案的实践指向。同时，将思政目标融入并贯穿于学前教育专业人才培养的全过程，把培养和强化幼儿园教师的专业核心素养作为学前教育专业人才培养的关键。《普通高等学校本科专业类教学质量国家标准》《教师教育课程标准（试行）》以及《学前教育专业认证标准》是学前教育专业人才培养的政策依据、执行标准和监管指标，举办学前教育专业的高校应以此为依据，在对幼儿园、校友、在校生等相关方充分调研的基础上，结合自身的办学定位，研制相应的人才培养标准。

（一）《普通高等学校本科专业类教学质量国家标准》

2018年1月，教育部颁布《普通高等学校本科专业类教学质量国家标准》，这是我国第一个高等教育教学质量国家标准。它涵盖了普通高校本科专业目录中92个本科专业类、587个专业，涉及全国高校的56 000余个专业点。它的研制工作历经4年多，参与的专家教授达5 000余人，很多知名专家和两院院士参与其中。

《普通高等学校本科专业类教学质量国家标准》明确了学前教育专业的人才培养目标。文件指出：学前教育专业是教育学类本科专业之一，培养具有良好思想道德品质、扎实的学前教育专业知识，能在保教机构、教育行政部门以及其他相关机构从事保教、研究和管理等方面工作的复合型人才。

《普通高等学校本科专业类教学质量国家标准》明确了学前教育专业的学制、学位与学分要求。规定：本科基本学制为4年，各高校可根据实际情况实行弹性学制，允许调整学业进程、保留学籍休学创新创业，允许学生在3~6年内完成学业。学生达到专业培养方案规定课程及学分要求，符合相关规定，考核合格，准予毕业，可授予教育学学士或相关学士学位。总学分为140~160学分。

《普通高等学校本科专业类教学质量国家标准》明确了学前教育专业人才培养的基本要求。规定：思想道德方面，具有良好的道德品质，树立正确的世界观、人生观和价值观，爱国、守法、诚信、友善，热爱教育事业，关心爱护学生，具备良好的团队协作精神。专业素养方面，系统掌握教育科学及相关领域的基础知识、基本理论和基本技能；系统掌握教育研究的基本方法，具有发现、分析和解决教育问题的能力，具有批判性和创造性思维，具有创新创业意识；形成教育学类各专业所需的创新精神和创业实践能力，培养多学科融合型人才；具有良好的信息素养，较为熟练地把现代信息技术应用于教育教学；熟悉我国各级各类教育政策和法规；具有自主学习、终身学习和自我发展的意识与能力；具有国际视野，基本掌握1门外语，能较为熟练地使用外文资料，初步运用外语进行交流。身心素质方面，掌握人的心理活动和体育运动的一般知识与基本方法，养成健康的生活方式，达到《国家学生体质健康标准》的要求，具有良好的心理素质和积极的人生态度。

《普通高等学校本科专业类教学质量国家标准》明确了学前教育专业的课程设置。各高校应根据学前教育事业发展的需要、国家和社会对学前教育专业人才的需求，结合学校的办学定位和培养目标，在该标准的框架下，研制本校学前教育专业人才培养课程方案。在执行过程中，在培养目标保持相对稳定的前提下，高校可根据需要适时调整和完善，以最大限度地为国家培养合格的学前教育专业人才。

（二）《教师教育课程标准（试行）》

2011年10月，教育部颁布《教师教育课程标准（试行）》，这是我国第一部关于教师教育课程的国家标准。《教师教育课程标准（试行）》中的课程标准专指教育类课程，它体现了国家对教师教育课程的基本要求，是制订教师教育课程方案、开发教材与课程资源、开展教学与评价，以及认定教师资格的重要依据。

《教师教育课程标准（试行）》具有两大创新点：第一，教师教育课程的目标需要从训练“教书匠”走向“教育家”的成长，这是理想教师——反思性实践家的专业属性，意味着教师角色的转型和职业品格的提升；第二，教师教育课程的构成应彰显“儿童为本”“实践取向”“终身学习”等当代教师教育改革的三大原理，实现观念与体制的创新。①

《教师教育课程标准（试行）》对幼儿园职前教师教育课程目标与课程设置作了明确的说明，要求“幼儿园职前教师教育课程要帮助未来教师充分认识幼儿阶段的特性和价值，理解‘保教结合’的重要性，学会按幼儿的成长特点进行科学的保育和教育；理解幼儿的认知特点和学习方式，学会把教育寓于幼儿的生活和游戏中，创设适宜的教育环境，保护与发展幼儿探究、创造的兴趣，让幼儿在愉快的幼儿园生活中健康地成长”。因此，《教师教育课程标准（试行）》是幼儿园教师教育课程体系架构的重要依据。

二维码3–1　幼儿园职前教师教育课程目标

幼儿园职前教师教育课程目标为课程设置提供了指导。课程设置以课程目标为指引，从儿童发展与学习，幼儿教育基础，幼儿活动与指导，幼儿园与家庭、社会，职业道德与专业发展，教育实践六个学习领域出发，对模块和学分等方面进行了规范和要求（表3–1）。

① 钟启泉.为了未来教育家的成长——论我国教师教育课程创新的课题［J］.教育发展研究，2011，33（18）：20-26.

表3–1　幼儿园职前教师教育课程设置

<table>
<tr><th rowspan="2">学习领域</th><th rowspan="2">建议模块</th><th colspan="3">学分要求</th></tr>
<tr><th>三年制
专科</th><th>五年制
专科</th><th>四年制
本科</th></tr>
<tr><td>1. 儿童发展与学习</td><td>儿童发展；幼儿认知与学习；特殊儿童发展与学习等。</td><td rowspan="5">最低必修学分
40学分</td><td rowspan="5">最低必修学分
50学分</td><td rowspan="5">最低必修学分
44学分</td></tr>
<tr><td>2. 幼儿教育基础</td><td>教育发展史略；教育哲学；课程与教学理论；学前教育原理等。</td></tr>
<tr><td>3. 幼儿活动与指导</td><td>幼儿游戏与指导；教育活动的设计与实施；幼儿健康教育与活动指导；幼儿语言教育与活动指导；幼儿社会教育与活动指导；幼儿科学教育与活动指导；幼儿艺术教育与活动指导；0—3岁婴儿的保育与教育；幼儿园教育环境创设；幼儿园教育评价；教育诊断与幼儿心理健康指导等。</td></tr>
<tr><td>4. 幼儿园与家庭、社会</td><td>幼儿园组织与管理；幼儿园班级管理；家庭与社区教育；教育资源的开发与利用；幼儿教育政策法规等。</td></tr>
<tr><td>5. 职业道德与专业发展</td><td>教师职业道德；教育研究方法；师幼互动方法与实践；教师专业发展；教师语言技能；音乐技能；舞蹈技能；美术技能；现代教育技术应用等。</td></tr>
<tr><td>6.教育实践</td><td>教育见习；教育实习等。</td><td>18周</td><td>18周</td><td>18周</td></tr>
<tr><td colspan="2">教师教育课程最低总学分数（含选修课程）</td><td>60学分
+18周</td><td>72学分
+18周</td><td>64学分
+18周</td></tr>
</table>

说明：

（1）1学分相当于学生在教师指导下进行课程学习18课时，并经考核合格。

（2）学习领域是每个学习者都必修的；建议模块供教师教育机构或学习者选择或组合，可以是必修，也可以是选修；每个学习领域或模块的学分数由教师教育机构按相关规定自主确定。

（三）《学前教育专业认证标准》

2017年10月，教育部颁布了《普通高等学校师范类专业认证实施办法（暂行）》，旨在规范引导师范类专业建设，建立健全教师教育质量保障体系，不断提高教师培养质量。《普通高等学校师范类专业认证实施办法（暂行）》指出："结合我国教师教育实际，分类制定中学教育、小学教育、学前教育、职业教育、特殊教育等专业认证标准，作为开展师范类专业认证工作的基本依据。"

学前教育专业认证对举办学前教育专业的高校实行三级监测认证。第一级是国家对学前教育专业办学的基本要求，目的是为学校、教育行政主管部门、社会提供服务（表3-2）。第二级是国家对学前教育专业教学质量的合格要求，目的是以《幼儿园教师专业标准（试行）》和《教师教育课程标准（试行）》为引领，"推动教师教育内涵式发展，强化教师教学责任和课程目标达成，建立持续改进机制"①，保证学前教育专业的教学质量达到国家合格标准要求。第三级是国家对学前教育专业教学质量的卓越要求，目的是"建立健全基于产出的人才培养体系和运行有效的质量持续改进机制，以赶超教师教育国际先进水平为目标，以评促强，追求卓越，打造一流质量标杆，提升教师教育的国际影响力和竞争力"②。

专业认证以"学生中心、产出导向、持续改进"为基本理念，对举办学前教育专业的高校提出要求。"学生中心"（Student-Centered）的教育理念要求遵循师范生的成长成才规律，围绕师范生的学习与发展配置相应的教育资源和安排教学活动，将教学模式从以"教"为中心转向以"学"为中心，③并将毕业生的社会声誉和用人单位的满意度作为评价学生发展质量的重要依据。"产出导向"（Outcome-based Education）的教育理念"聚焦师范生'学到了什么'和'能做什么'，强调明确学习产出标准，对接社会需求"④，以学习效果为导向，

---

①② 摘自《教育部关于印发〈普通高等学校师范类专业认证实施办法（暂行）〉的通知》。

③ 裴培.师范专业认证视角下的学前教育专业实践教学改革——以亳州学院为例［J］.成都师范学院学报，2019，35（4）：51-54.

④ 王定华.我国高校师范类专业认证的缘起与方略［J］.中国高等教育，2019（18）：20-22.

对照学生的核心能力要求评价专业人才的培养质量。“持续改进”（Continuous Quality Improvement）的教育理念强调聚焦学生的毕业要求，对专业实践教学活动进行全方位、全过程的跟踪与评价，并将评价结果用于改进教学，形成“评价—反馈—改进”闭环，在持续改进的动态建设中提高专业人才的培养质量。①

表3-2 学前教育专业认证标准（第一级）

维度	监测指标		参考标准
课程与教学	1	教师教育课程学分	必修课≥44学分（三年制专科≥40学分、五年制专科≥50学分） 总学分≥64学分（三年制专科≥60学分，五年制专科≥72学分）
	2	人文社会与科学素养课程学分占总学分比例	≥10%
	3	支撑幼儿园各领域教育的相关课程学分占总学分比例	≥20%
合作与实践	4	教育实践时间	≥18周
	5	实习生数与教育实践基地数比例	≤20∶1
师资队伍	6	生师比	≤18∶1
	7	专任教师占本专业教师比例	≥60%
	8	具有高级职称教师占专任教师比例	≥学校平均水平
	9	具有硕博士学位教师占专任教师比例	≥60%（专科≥30%）
	10	幼儿园兼职教师占教师教育课程教师比例	≥20%

① 裴培.师范专业认证视角下的学前教育专业实践教学改革——以亳州学院为例［J］.成都师范学院学报，2019，35（4）：51-54.

续表

<table>
<tr><th>维度</th><th colspan="2">监测指标</th><th>参考标准</th></tr>
<tr><td rowspan="6">支持条件</td><td>11</td><td>教学日常运行支出占生均拨款总额与学费收入之和的比例</td><td>≥13%</td></tr>
<tr><td>12</td><td>生均教学日常运行支出</td><td>≥学校平均水平</td></tr>
<tr><td>13</td><td>生均教育实践经费</td><td>≥学校平均水平</td></tr>
<tr><td rowspan="2">14</td><td rowspan="2">生均教育类纸质图书</td><td>≥30册</td></tr>
<tr><td>每6个实习生配备教师教学参考书≥1套</td></tr>
<tr><td>15</td><td>保育实践、实验教学、教学技能训练、艺术技能训练（舞蹈、美术、钢琴等）等教学设施</td><td>有</td></tr>
</table>

资料 3-1

《学前教育专业认证标准（第二级）》摘录

毕业要求：

· 践行师德

［师德规范］践行社会主义核心价值观，增进对中国特色社会主义的思想认同、政治认同、理论认同和情感认同。贯彻党的教育方针，以立德树人为己任。遵守中小学教师职业道德规范，具有依法执教意识，立志成为有理想信念、有道德情操、有扎实学识、有仁爱之心的好老师。

［教育情怀］具有从教意愿，认同教师工作的意义和专业性，具有积极的情感、端正的态度、正确的价值观。具有人文底蕴和科学精神，尊重幼儿人格，富有爱心、责任心，工作细心、耐心，做幼儿健康成长的启蒙者和引路人。

· 学会教学

[保教知识]具有一定的科学和人文素养，理解幼儿身心发展规律和学习特点，了解相关学科基本知识，掌握幼儿园教育教学的基本方法和策略，注重知识的联系和整合。

[保教能力]能够依据《幼儿园教育指导纲要（试行）》和《3—6岁儿童学习与发展指南》，根据幼儿身心发展规律和学习特点，运用幼儿保育与教育知识，科学规划一日生活、科学创设环境、合理组织活动。具有观察幼儿、与幼儿谈话并能记录与分析的能力；具有幼儿园活动评价能力。

· 学会育人

[班级管理]掌握幼儿园班级的特点，建立班级秩序与规则，合理规划利用时间与空间，创设良好班级环境，充分利用各种教育资源，建立良好的同伴关系和师幼关系，营造良好班级氛围。为人师表，发挥自身的榜样作用。

[综合育人]了解幼儿社会性—情感发展的特点和规律，注重培育幼儿良好意志品质和行为习惯。理解环境育人价值，了解园所文化和一日生活对幼儿发展的价值，充分利用多种教育契机，对幼儿进行教育。综合利用幼儿园、家庭和社区各种资源全面育人。

· 学会发展

[学会反思]具有终身学习与专业发展意识。了解国内外学前教育改革发展动态，能够适应时代和教育发展需求，进行学习和职业生涯规划。初步掌握反思方法和技能，具有一定创新意识，运用批判性思维方法，学会分析和解决问题。

[沟通合作]理解学习共同体的作用，具有团队协作精神，掌握沟通合作技能，具有小组互助和合作学习体验。

学前教育专业课程体系的架构根据专业认证的各项要求进行。在操作层面，遵循“反向设计，正向施工”的路线，面向学前教育改革发展需求，以培养目标和毕业要求为出发点，设计科学合理的培养方案、课程体系和相应的课程大纲，采用匹配的教学内容和教学方法，配置足够的软硬件资源，要求每位教师明确自己在课程教学中的主体责任，最终通过课程目标、毕业要求和培养目标的定期评价和持续改进，保证毕业生具备专业核心能力（图3-1）。

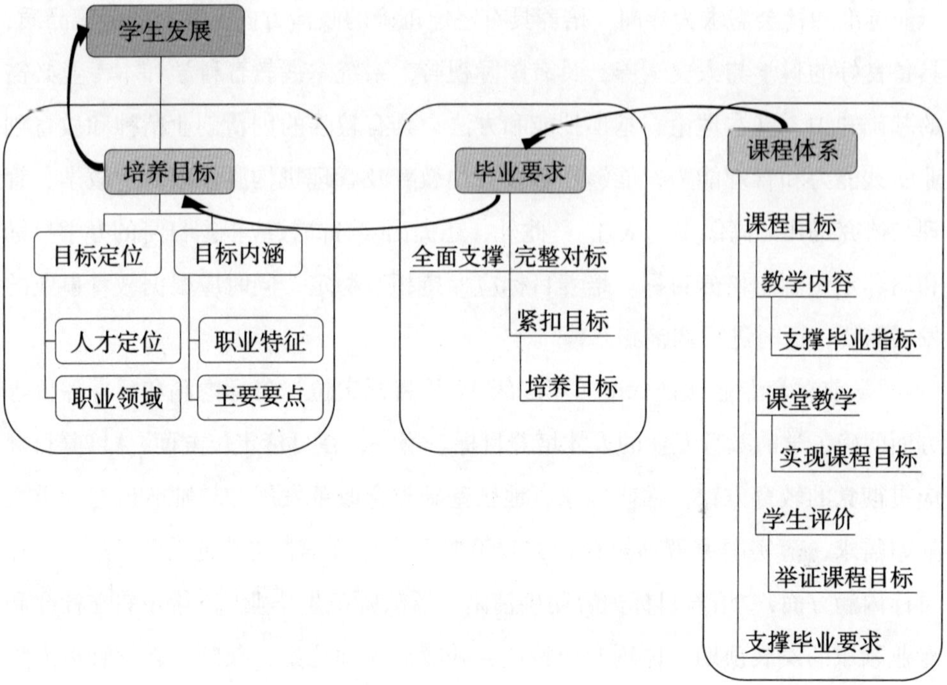

图3-1　基于学生发展的三大产出关系图

二、学前教育专业的人才培养目标和毕业要求

高校需要对学前教育专业的人才培养目标和毕业要求作出明确的层级指标描述，以保证学前教育专业的人才培养过程能帮助学生获得符合时代要求的核心素养。

（一）培养目标

学前教育专业的人才培养目标是举办学前教育专业的高校给自己定的“尺子”，反映了“为谁培养人”的问题。

《普通高等学校本科专业类教学质量国家标准》从教育教学质量的角度对教育学类专业提出要求：“应坚持以马克思主义为指导，以国家政治、经济和文化建设发展需求为基本原则，以我国高等教育定位和特点为参考框架，同时以行业标准和社会需求为导向，培养具有坚定正确的政治方向、高尚的道德品质，具备良好的科学与人文素养，具有国际视野，系统掌握教育科学和本专业必需的基础知识、基本理论、基本技能和方法，具有较强的创新创业精神和教育创业实践能力和管理能力，能够在各级各类教育及管理机构胜任教育、教学、管理与研究工作的高级专门人才。”此外，还提出“各高校应根据自身的办学目标和培养定位制定培养目标。培养目标应保持相对稳定，同时应根据教育事业的发展需要，适时进行调整和完善”。

《学前教育专业认证标准（第二级）》从目标定位、目标内涵和目标评价等方面明确了学前教育专业的人才培养目标。第一，在目标定位方面，“培养目标应贯彻党的教育方针，面向国家、地区基础教育改革发展和教师队伍建设重大战略需求，落实国家教师教育相关政策要求，符合学校办学定位”。第二，在目标内涵方面，“培养目标内容明确清晰，反映师范生毕业后5年左右在社会和专业领域的发展预期，体现专业特色，并能够为师范生、教师、教学管理人员及其他利益相关方所理解和认同”。第三，在目标评价方面，“定期对培养目标的合理性进行评价，并能够根据评价结果对培养目标进行必要修订。评价和修订过程应有利益相关方参与”。

根据《普通高等学校本科专业类教学质量国家标准》和《学前教育专业认证标准（第二级）》，举办学前教育专业的高校应以社会需求为导向，结合对幼儿园、用人单位、校友、社会机构、在校学生、家长等办学利益相关方的调研结果，聚焦学前教育专业定位、学生就业岗位以及本校的办学定位，进一步明确阐述学前教育专业人才培养的知识目标、职业能力目标和素质目标，从而确定本校的人才培养标准。

案例 3-1

某高校本科学前教育专业的人才培养目标

目标定位：本专业立足当地，面向西部，适应国家基础教育改革及甘肃经济社会发展对学前教育人才的需求，培养具有坚定正确的政治方向、高尚的职业理想、浓厚的教育情怀、良好的科学与人文素养、扎实的学前教育专业知识、突出的幼儿园保教实践能力、爱国敬业、依法履职、具有反思创新能力的幼儿园教师。

目标内涵：本专业学生毕业3~5年后应达到如下预期目标。

目标1：贯彻党的教育方针，落实立德树人根本任务；具有良好的思想道德及职业道德品质，热爱学前教育事业，深刻领会幼儿园教师的专业独特性；具有团队协作精神和支持陇原学前教育发展的教育情怀，能够依法、依规执教。（崇德守道）

目标2：具有扎实的学前教育专业知识、广博的通识性知识和突出的幼儿园保教实践能力，教育教学技能熟练；能够将学前教育理论与保教实践有机结合，具备运用教育科学方法研究、解决保教实际问题的创新能力。（教学得法）

目标3：胜任幼儿园班级管理工作，能够顺应幼儿身心发展特点与规律，充分利用各种教育资源和教育契机综合育人、全面育人；能够指导家庭科学育儿并拓展家长的育儿知识，具备有效的沟通合作能力。（育人有道）

目标4：能够把握学前教育国内外发展趋势，具有开放包容的视野、自我发展的理念和积极健康的心态，善于反思、创新、沟通、合作，具备终身学习的能力。（发展有路）

评述：上述人才培养目标是在走访大量幼儿园、家长、校友以及在校生，作出充分调研的基础上确定的，也借鉴了其他高校的人才培养经验，服务面向清晰，就业岗位明确，且符合本校的办学定位，具有较高的指引性。学前教育专业学生都应当认识和了解自己所在学校的人才培养目标，使自己的学业发展和专业成长具有明确的方向。

（二）毕业要求

毕业要求是对学前教育专业学生在毕业时应获得的知识、能力与素质的总要求，是对毕业3~5年后实现培养目标的具体支撑，反映了“培养什么人”的问题。

毕业要求的设定与学校和本专业的使命、培养目标相一致，是对专业人才培养目标的具体表述，也是举办学前教育专业的高校对社会的承诺。毕业要求在对学前教育专业学生的培养过程中细化并得以落实，因此，明确、具体、公开和可操作的毕业要求，能使学前教育专业学生更加明晰自己的学习任务和努力方向，也可以更好地指导高校教师开展教育教学活动。

我国《幼儿园教师专业标准（试行）》是幼儿园教师培养、考核等工作的重要依据，它以师德为先、幼儿为本、能力为重和终身学习为基本理念，对合格幼儿园教师的专业素质提出了明确要求。举办学前教育专业的高校应对照《幼儿园教师专业标准（试行）》，在明确人才培养目标的基础上，结合当地需求，制定出相应的毕业要求。

二维码3-2　某高校本科学前教育专业学生的毕业要求指标

三、学前教育专业的课程体系

学前教育专业的课程学习是学生在四年大学生活中逐步提升专业性的直接途径，学前教育专业学生需要对课程设置的依据、课程体系以及课程学习有整体的认识和了解，从而有的放矢地开展课程学习。

（一）学前教育专业课程的功能

学前教育专业的人才培养主要是以课程的形式得到落实，举办学前教育专业的高校需要在课程体系的整体框架内和课程的相互关系中具体研究各门课程，对课程目标与功能、教学模块与内容、实现途径与方法以及学习产出与评价等要素作出详细的解释。

下面所示的鱼骨图（图3–2），以学前教育专业核心课程群为鱼骨，以必修课程群及实践课程群为鱼刺，以学前教育专业导论课程为鱼尾，以毕业论文为鱼头，搭建了学前教育专业课程的整体框架。

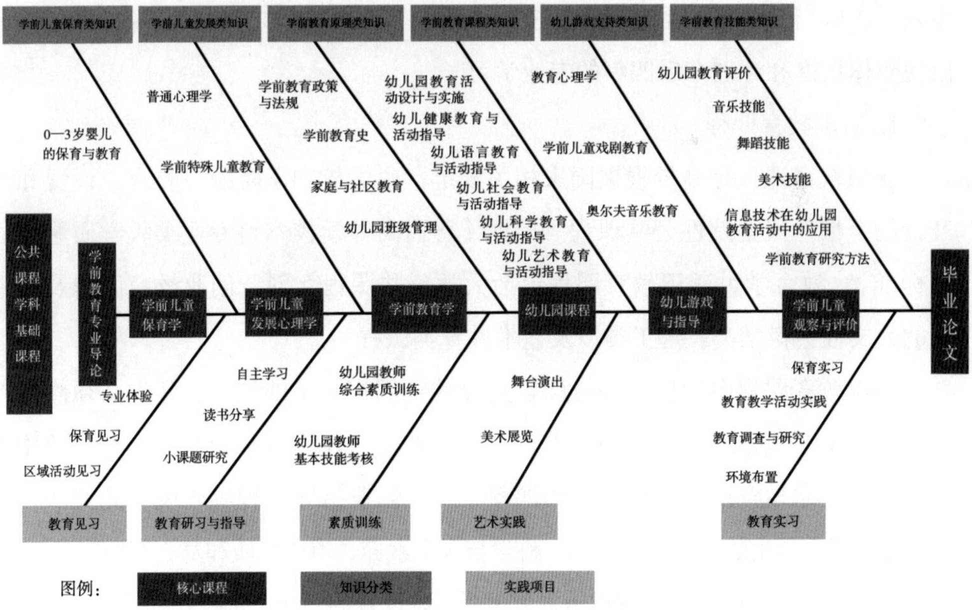

图3–2 学前教育专业人才培养方案中的专业课程体系

学生四年的学习历程大致可以勾勒为：先由学前教育专业导论课程进入，经由核心课程、必修课程和实践课程三大课程群构成的立体化网络，最后从毕业论文产出。通过各类课程的有序推进，帮助学生培养专业情意、获得执业能力、树立研究和反思意识、积累专业理论知识、解析儿童知识与行为、实现自我发展与调适、拓展综合素养。

（二）学前教育专业课程的结构

课程体系是解决“怎样培养人”的问题的关键，举办学前教育专业的高校根据《普通高等学校本科专业类教学质量国家标准》，在《教师教育课程标准（试行）》和《学前教育专业认证标准》的框架内，科学构建课程体系，认真执行课程计划，期待通过不懈努力，达成课程目标，实现课程功能。从课程设置上讲，它的基本构成一般包括理论课程、实践课程和毕业论文三部分。各高校在制订课程方案时，结合教育教学实际和专业特征，构建出包括通识教育课程、专业基础课程、专业方向课程、实践课程以及毕业论文的课程体系。学前教育专业学生应当对课程体系、课程功能、课程内容以及课程之间的关系有所了解，以便整体把握和计划今后四年的专业学习。

1. 通识教育课程

通识教育课程是高校根据国家相关规定，由学校和学院统一要求、设置和开设的全校性或全院性公共课程。根据《普通高等学校本科专业类教学质量国家标准》，教育学类通识教育课程包括大学公共课程、创新创业教育课程及相关的人文社会科学类、理工类以及艺术教育类课程。

通识教育课程中的公共必修课程是由教育部相关文件规定、学生必须修读的课程，主要包括思想政治理论课程、大学外语、计算机基础与应用、大学体育、文化素质教育课程、创业基础课程、就业创业指导课程等。设立此类课程的目的是提升学生的基本知识素养、科学与人文素养、道德品质和身心素质。

通识教育课程中的选修课程是由大学或学院设置的、学生选择修读的课程，主要包括人文社会科学、自然科学领域的相关课程，由各高校结合实际自主开设。

通识教育课程中的创新创业教育课程是将学生开展的课题研究、项目实验、创新实验、发表论文、获得专利和自主创业等情况折算为学分，采用积累与转换制度予以认定的课程，一般以模块化课程的形式设置在人才培养方案中。

案例 3-2

通识教育课程结构①

课程模块		总学分	理论学分	实践学分		总学时
				课含实践	集中实践	
通识必修	思想政治理论	17	11	6		307
	大学英语	12	12			190
	大学体育	4		4		140
	大学计算机	3	1	2		45
	军事教育	4	2		2	36
	劳动教育	1		1		32
	心理健康教育	2	1	1		32
	小计	43	27	14	2	782
通识选修	人文与艺术	8	8			120
	科学与技术					
	城市与社会					
	信息与交叉					
	小计	8	8			120
学院通识	学院通识必修	9	9			148
	小计	9	9			148
合计		60	44	14	2	1050

① 摘自某高校《本科学前教育专业人才培养方案》。

案例 3-3

创新创业教育课程体系[①]

课程模块		项目名称	分项名称	细则	学分	提交材料	备注
创新创业理论	创新创业基础	大学生创业基础课程	创新创业教育基础	见课程说明	1	成绩合格	必修，16学时，由幼儿师范学院安排开设课程、第5学期开设，承担教学任务并认定学分
创新创业训练	创新创业项目	大学生创新创业训练计划项目	国家级项目	立项并结题	3	结题文件或结题证书	由幼儿师范学院认定3人以下计满分，超过3人以该分值乘以3后按人均分配，不足0.5分以0.5分计
			省级项目	立项并结题	2	结题文件或结题证书	
			校级项目	立项并结题	1	结题文件或结题证书	
		创业实践	获得各类创业基金、风险投资基金	获投资一万元以上	3	相关证明材料	由创新创业学院认定排名第一计满分，排名第二减半
			入驻地方创业基地	有协议书	2	协议书	
			学生自主创业	创业实体获得工商注册	1	营业执照复印件	

① 摘自某高校《本科学前教育专业人才培养方案》。

续表

课程模块		项目名称	分项名称	细则	学分	提交材料	备注
就业课程	就业指导	就业创业指导	职业生涯规划	见课程说明		成绩合格	必修，归学前教育专业导论课程，不单独计算学分，由学院认定
			就业创业讲座	见课程说明	0.2/次	考勤表	必修。由招生就业处在1—7学期开设，满分1学分。由招生就业处认定
第二课堂	职业能力	外语能力	CET6	≥425	2	证书原件及复印件	由学院认定
			CET4	≥425	1	证书原件及复印件	
			TOEFL、IELTS、GRE、GMAT、全国外语水平考试（WSK）等其他外语能力测试	学院自定义细则			由学院认定
		普通话能力	普通话水平考试	二级乙等以上	1	证书原件及复印件	由学院在第8学期认定

续表

课程模块		项目名称	分项名称	细则	学分	提交材料	备注
第二课堂	职业能力	计算机能力	全国计算机等级考试（NCRE）	四级	3	证书原件及复印件	由学院认定
				三级	2	证书原件及复印件	
				二级	1	证书原件及复印件	
	职业资格	国家人力资源和社会保障部颁发的职业资格证书	教师资格证书				网络可查，1学分，由学院在第8学期认定
		其他学会或部门颁发的职业资格认证或专业技术认证证书					
	社会实践	由校团委定义项目	由校团委定义细则		1	由校团委定义细则	由校团委认定
竞赛科研	学科竞赛	学科竞赛获奖	国家级奖项	学校认定	3	证书复印件	由学院认定 3人以下计满分，超过3人以该分值乘以3后按人均分配，不足0.5分以0.5分计
			省级奖项	学校认定	2	证书复印件	
			校级奖项	学校认定	1	证书复印件	
		大学生创新创业竞赛获奖	国家级竞赛	获奖	3	证书复印件	由创新创业学院认定 3人以下计满分，超过3人以该分值乘以3后按人均分配，不足0.5分以0.5分计
			省级竞赛	获奖	2	证书复印件	
			校竞赛	获奖	1	证书复印件	

续表

课程模块		项目名称	分项名称	细则	学分	提交材料	备注
竞赛科研	科学研究	学术论文	SCI、EI、SSCI、ISTP等检索	第一作者	4	论文原件及复印件	由学院认定 期刊级别按学校科学技术处文件认定
			核心期刊正刊 国际会议	第一作者	3	论文原件及复印件	
			核心期刊增刊 一般期刊正刊	第一作者	2	论文原件及复印件	
			一般期刊增刊 学术会议论文集	第一作者	1	论文原件及复印件	
		发明专利	获得国家发明专利		3	证书原件及复印件	由学院认定 只取前两位作者，第一作者计满分，第二作者减半
			获得实用新型专利		2	证书原件及复印件	
			获得外观设计专利		1	证书原件及复印件	
	其他	学术讲座	学生参加学院组织的各类讲座，0.2学分/次，考勤表，必修。由学院在1—7学期开设，满分1学分。由学院认定				

2. 专业基础课程

专业基础课程是高校为培养和培训学生所开设的有关本专业的基本理论和方法的课程，主要包括教育学原理、教育研究方法、中国教育史、外国教育史、课程与教学论、普通心理学、教育心理学、发展心理学、现代教育技术等课程。

专业基础课程的设置在落实教育规划纲要、深化教师教育改革、规范和引导课程与教学、造就高素质和专业化教师队伍等方面发挥着重要的作用。

3. 专业方向课程

专业方向课程是高校根据学前教育专业的人才培养目标，设置的本专业主干课程，包括专业必修课程和专业选修课程。

专业必修课程一般是专业核心课程，体现了学前教育专业的培养目标，显示出学前教育专业的独特性，是学前教育专业的标志性课程，一般包括学前儿童保育学、学前儿童发展心理学、学前教育学、学前儿童观察与评价、幼儿园课程、幼儿游戏与指导、幼儿园教育活动设计与实施等课程。

专业选修课程是专业必修课程的补充和延伸，对于学生获得执业能力具有拓展作用，体现了学前教育专业的优势与特色，一般包括专业任选课程和专业限选课程两类。

案例 3–4

“分类组选式”选修课程①

“分类组选式”选修课程是指以专业限选课程和专业任选课程的形式，为学生提供五大领域教育类课程、教育技能提高类课程（艺术）和学前教育专业综合素养类课程，学生根据个人已有的知识和技能、兴趣爱好和职业发展规划自主选择、组合并完成修读的课程群。

学前教育专业学生应按照规定完成本课程群的选课与修读任

① 摘自某高校《本科学前教育专业人才培养方案》。

务。五大领域教育类课程为限选课程，5门课程选3门课程修读（幼儿艺术教育与活动指导课程为必选）；教育技能提高类课程（艺术）为限选课程，3个模块选1个模块修读；学前教育专业综合素养类课程为任选课程，15门课程选6门课程修读。

评述："分类组选式"选修课程既充分考虑学校的办学定位、专业特色和学科优势，又顺应学生的个人兴趣、优势和特长。五大领域教育类课程采取5选3的选课策略，有利于学生获得各领域课程的教育教学能力，帮助学生开展教育教学工作。教育技能提高类课程（艺术）采取3选1的选课策略，由学生自主选择艺术课程，这样能激发学生学习的主动性和积极性，使他们每个人都能获得1~2项特长技能，充分实现艺术类课程的教育价值。学前教育专业综合素养类课程采取15选6的选课策略，课程以知识单元的形式开设，在课堂教学中，适当融入了国际学术发展的最新研究成果和实践经验，反映出学前教育的学科前沿、学校特色和地方特色。选修课程的范围和数量能够保证学生自主选课，使学生的专业知识得以拓展、专业能力进一步提高。这样的设计符合《教师教育课程标准（试行）》的理念和要求。

4. 实践课程

实践课程是高校为激发学生的专业情意、培养学生的专业能力、训练学生的专业技能、促进学生的专业发展而开设的教育实践类课程，主要包括教育实训、教育见习、教育实习、教育考察、教育调查等实践环节，各环节相互贯通，涵盖师德体验、保教实践、班级管理和教研实践等，并与其他教育环节有机衔接。

教育实训是学生在学院课程导师和幼儿园实践导师（专家型幼儿园教师）指导下，在实训教室、虚拟仿真平台和实验室里进行教育、教学、教研与管理等实训活动。

二维码3-3　保育实训活动

二维码3-4　教育实训活动（说课）

二维码3-5　教育实训活动（试教）

教育见习是学生在学院导师和实践导师指导下，在幼儿园等学前教育机构进行教育、教学、教研与管理工作的观摩和学习。

教育实习是学生在学院导师和实践导师指导下，在幼儿园等学前教育机构进行教育、教学、教研与管理等实践活动。

二维码3-6　教育实习活动

教育考察是学生对特定教育区域或教育机构现状的实地勘察。教育调查是对学前教育具体问题的实地调研，一般以教育研习的形式实施。

二维码3-7　教育研习工作计划

5. 毕业论文

毕业论文是学生根据自身兴趣和特长，结合教育实践，在学院导师指导下开展的科学研究活动，由研究选题、研究设计、研究过程以及研究结果等环节组成。本科毕业论文一般采取学术论文、调查报告、研究报告、实验报告、教育教学和管理案例分析报告等多种形式。

毕业论文的选题与内容应符合学前教育专业的人才培养目标，学生需要综合运用所学的理论与专业知识，遵守学术伦理，符合学术规范。指导教师由具有讲师及以上职称的学院导师和幼儿园等教育机构具有中级及以上专业技术职务的教师或管理人员组成，负责对学生毕业论文的选题、开题、研究方法、写作规范等进行指导，并负责毕业论文的答辩和审核工作。

案例 3–5

“三级循环”实践课程体系①

“三级循环”实践课程体系是指由课含实践及教育见习与五大领域教育专项实习间的“小循环”、五大领域教育专项实习与综合实习间的“中循环”、综合实习与课含实践及教育见习间的“大循环”组成的三级循环式课程实施过程（图 3-3）。

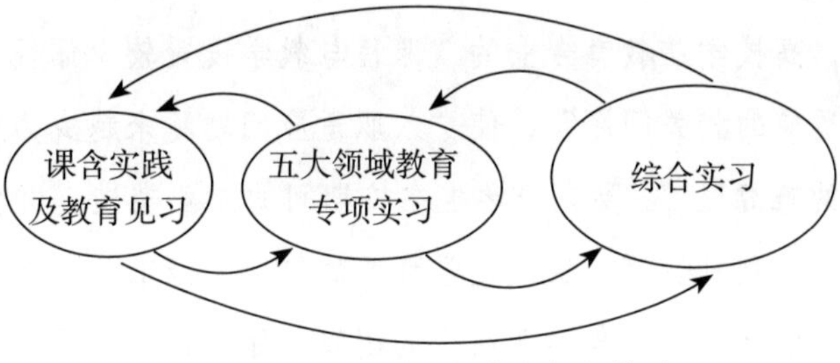

图 3–3 “三级循环”实践课程模型

第一，课含实践的实施。以各门专业课程的实际教学为载体，沿着教学计划中设定的学科逻辑线索，将专业课程的实践教学内

① 摘自某高校《本科学前教育专业人才培养方案》。

容贯穿其中，要求学生逐步参与学前教育实际工作，完成专业知识内化和保教技能训练。课含实践在课堂教学中渗透执行。

第二，教育见习的实施。教育见习在第一学期至第四学期执行，每学期各一周。根据不同学期所设课程，设置相应的教育见习方案，四个学期的见习主题分别为幼儿一日活动安排与流程、幼儿一日生活中的保育、幼儿的学习与发展、幼儿园教育活动与管理。

第三，五大领域教育专项实习的实施。第五学期和第六学期的前五周，学生在校内集中学习领域教学法，梳理领域核心知识，明确领域核心技能，理解并掌握教学法的总论性知识，为以后的集中下园实习活动积累必要的背景知识和前期经验。从第六周开始，每周星期四和星期五集中下园，连续进行五大领域教育专项实习。

第四，综合实习的实施。学生综合运用所学知识和技能，全面参与幼儿园保教、教研与管理活动。综合实习在第七学期进行，学生集中下园18周。

评述：实践课程在课程体系中占据着十分重要的地位。长期以来，高校学前教育专业的“课程与教学设置较少体现新手教师入职适应的相关问题”，使“入职适应问题越来越成为困扰新手教师的难题”[①]。要完成学生在校期间的专业塑造，并实现职前—职后的顺利过渡，实践教学环节的价值不能低估。有些高校将实践教学环节按学生学业获得的逻辑顺序，组成若干相对完整的课程群，以课程链条的形式，渗透到方案中。实施过程从新生入学开始，有目的、有计划地进行，这实际上是将实践教学元素

① 程秀兰，许楠楠，王娜.基于《幼儿园教师专业标准》的学前教育专业课程改革研究［J］.陕西学前师范学院学报，2016，32(4)：26-29，34.

重组后渗透到所有课程的教学环节中，使学生在入职前就能获得相应的教学能力和实践智慧，因而更能帮助学生不断消化理论知识，逐渐获得专业情意，持续积累入职经验。换句话说，就是让学生从入学之日起，就开始全面接触学前教育的实际工作，直至毕业，确保他们能一直与学前教育的实际工作保持密切接触。这个实践课程的设计特色鲜明，突出办学优势，且具有可操作性。第一，能充分满足领域教学法课程实践教学的需要，为第七学期的综合实习奠定扎实的基础，保证实践教学"大循环"和"中循环"的顺利实现。第二，能避免学生在学期内中断其他课程的学习，在五大领域教育专项实习期间，学生的艺术技能训练不会中断，其他教育类课程的学习和实践不受影响，保证课舍实践教学"小循环"顺利实现。第三，因为有之前的学业引领，实践效率相对较高，能避免盲目实践，节约教学成本。

（三）学前教育专业重点课程解析

学前教育专业课程之间有着必然的、内在的学科逻辑联系，高校在设置课程方案时，会根据各门课程之间的学科隶属关系，结合各门课程对于专业的贡献度，统筹设计课程的开设学期、需用学时和修读学分。学前教育专业学生应当清晰地认识到，大学里所学的各门课程之间并非孤立设置、互不相干，而是有着实质性的内在联系，应当用系统性、整体性的思维方式，积极调整自己的学习行为，学思结合地获得专业知识。学生可以在整体认识专业课程体系的前提下，了解各门课程的基本内涵和功能，随着课程学习的逐渐展开，不断使自己头脑中的知识系统化、概括化，从而树立和巩固专业思想，为未来的职业活动奠定扎实的学科基础。

1. 学前教育专业导论

学前教育专业导论课程是在第一学期开设的专业必修课程，18学时，修读学分为1，考核方式一般以形成性评价为主。课程以学前教育专业培养目标、毕业要求及专业特点为依据设立。主要讨论学前教育的学科地位、专业特点和学习方法，分析新时代幼儿园教师应具备的专业核心素养，解释学前教育专业人才培养标准及方案，剖析学前教育专业课程的体系架构，明晰大学生的行为规范与约束，综述学前教育发展历程、发展趋势、基本问题及当前新成果，简析与学前教育专业有关的国家政策性文件和制度性文本，从而使学生明了未来的学涯发展规律、心理行为管理方法等，为学生在未来四年中逐渐获得专业情意、不断积累专业知识、持续提高专业技能、顺利获得执业能力提供思想引领与指导。

2. 学前儿童保育学

学前儿童保育学课程是在第一学期开设的专业核心课程，54学时，修读学分为3，考核方式一般为形成性评价与终结性评价相结合。主要讨论学前儿童的机体与其生活和学习环境之间的相互关系，研究促进学前儿童健康成长的卫生要求和卫生保健措施的制定及具体实施。旨在通过课程内容的学习与实践，帮助学生掌握学前儿童卫生保健的基础知识，使学生能科学评价学前儿童的身心发展，具备相应的保育工作能力，在未来实际工作中能真正促进学前儿童的身心健康发展。

3. 学前儿童发展心理学

学前儿童发展心理学课程是在第二学期开设的专业核心课程，36学时，修读学分为2，考核方式一般为形成性评价与终结性评价相结合。主要介绍学前儿童心理发展的基本规律、一般特点以及各年龄阶段学前儿童心理发展的特点等基本理论，旨在使学生形成科学的心理观、儿童观和教育观，提高学生运用相关知识观察、分析学前儿童心理的能力，培养学生解决有关儿童心理与行为问题的能力，使学生获得初步的科学研究意识。

4. 学前教育政策与法规

学前教育政策与法规课程是在第二学期开设的专业必修课程，18学时，修读学分为1，考核方式一般以形成性评价为主。这是关于学前教育政策和法规的理论及其应用的基础性课程，具有很强的实用性，期待学生通过学习，较系统地掌握有关学前教育政策和法规的基础知识，熟悉我国现行的学前教育政策法规的主要内容，树立依法执教的意识，获得分析、解决学前教育活动中出现的法律问题的能力，提高依法执教的水平和能力。

5. 普通话与幼儿园教师语言训练

普通话与幼儿园教师语言训练课程是在第二学期开设的专业必修课程，36学时，修读学分为2，考核方式一般以形成性评价为主。幼儿园教师的语言能力和水平不仅会影响幼儿园保教活动的开展，还会影响儿童语言能力的发展。本课程旨在帮助学生了解国家通用语言和文字的相关法律法规，使他们在今后的学前教育工作和人际交往中熟练运用普通话，感受和传递国家通用语言的美，重在提高学生在幼儿园保教工作中的口语运用能力。

6. 教师书写技能

教师书写技能课程是在第一、二学期开设的专业必修课程，36学时，修读学分为2，考核方式一般为形成性评价与终结性评价相结合。通过毛笔书法、硬笔书法、粉笔书法等各项书写技能的训练，帮助学生掌握基本的笔画结构和行笔规律，明了汉字书写发展史，简要了解著名书法家及其书法流派，为学生未来的工作提供专业认知和技能支撑，提高学生的专业技能和执业能力。同时，在训练过程中，还可以培养学生的人文艺术素养，激发学生的民族自豪感。

7. 学前教育学

学前教育学课程是在第三学期开设的专业核心课程，36学时，修读学分为2，考核方式一般为形成性评价与终结性评价相结合。本课程作为理论性和实践性并重的基础理论课程，主要研究学前儿童教育的宏观问题及其一般活动规律，目的是使学生理解学前教育对儿童发展的作用及其在教育系统中的地位与价值，掌握学前教育的基本理论和先进思想，领会科学的教育观念及学前教育活动的基本特点。课程注重学生自身学习能力的提高，为学生的专业学习以及今后从事教育和研究工作打下坚实的基础。

8. 学前儿童观察与评价

学前儿童观察与评价课程是在第四学期开设的专业核心课程，36学时，修读学分为2，考核方式一般以形成性评价为主。主要讨论学前儿童观察与评价的意义和内容，介绍如何做观察记录并保证观察记录的有效性，分析观察式评价的基本过程，解释怎样基于学前儿童心理发展的年龄特征和学前儿童早期学习标准评价学前儿童的成长，剖析课程设计中如何获取观察信息并运用，介绍学前儿童成长档案的建立和应用，使学生在掌握基本理论和开展课程实操中，认同并体验儿童视角的教育教学行为，获得专业核心素养。

二维码3-8　学前儿童观察与评价课程大纲

9. 幼儿园教育活动设计与实施

幼儿园教育活动设计与实施课程是在第四学期开设的专业核心课程，36学时，修读学分为2，考核方式一般为形成性评价与终结性评价相结合。主要讨论幼儿园教育活动及设计的含义、特点和意义，介绍幼儿园教育活动设计的基本理念和一般步骤，结合案例分别介绍幼儿园各领域教育活动、幼儿园区角活动以及幼儿园主题教育活动的设计方法和指导策略，讲述不同类型的幼儿园教育活动的评价方法，从而使学生在掌握幼儿园教育活动设计的基本理论与一般方法的过程中，将理论与实践相结合，获得设计和组织幼儿园教育活动的基本能力。

10. 幼儿园课程

幼儿园课程是在第四学期开设的专业核心课程，36学时，修读学分为2，考核方式一般为形成性评价与终结性评价相结合。从宏观与微观的视角，在理论与实践方面系统阐明幼儿园课程的基本原理和实施要领，旨在使学生通过对幼儿园课程与教学理论的研究与学习，提高学前教育理论水平，激发学生的专业情意，提高学生课程教育的基本能力。在与幼儿园教育教学实践密切结合的基础上，帮助学生树立正确的课程观，指导学生的幼儿园教育教学实践，提高学生的执业能力。

11. 教育心理学

教育心理学课程是在第四学期开设的专业必修课程，36学时，修读学分为2，考核方式一般为形成性评价与终结性评价相结合。主要介绍教育心理学的研究对象、方法、发展概况与应用，分析学生心理与教师心理，解释学习的含义及分类，介绍关于学习的相关理论，探讨知识与技能的学习规律、分析问题与解决问题的过程，旨在帮助学生获得在教育教学实际中解决问题的能力，培养学生的创造性思维。学生通过学习策略及其应用的学习，能在一定程度上学会采用科学的方法进行有效学习，从而在掌握科学方法与基本原理的过程中，逐渐获得专业素养，不断夯实专业理论功底。

12. 幼儿游戏与指导

幼儿游戏与指导课程是在第五学期开设的专业核心课程，54学时，修读学分为3，考核方式一般为形成性评价与终结性评价相结合。本课程以幼儿的游戏为研究对象，系统分析各年龄阶段幼儿游戏的特点、分类和发展价值，介绍各年龄段幼儿游戏的指导、游戏在幼儿园教育中的地位与运用、不同类型的幼儿园游戏的组织与指导，以及游戏场地的设计和玩具的选择与评价等问题。通过对幼儿游戏基本理论的学习，使学生掌握幼儿游戏的特点与规律；通过理论联系实际，使学生学会观察幼儿游戏，学会创设游戏及游戏环境，学会根据幼儿的年龄特点有针对性地指导幼儿游戏，以培养学生的专业素养、创新精神和解决问题的能力。

13. 幼儿领域教育与活动指导

幼儿领域教育与活动指导课程是在第五、六学期开设的教育技能类专业必修课程群，主要课程包括幼儿健康教育与活动指导、幼儿社会教育与活动指导、幼儿语言教育与活动指导、幼儿科学教育与活动指导、幼儿艺术教育与活动指导。180学时，修读学分为10，考核方式一般以形成性评价为主。在介绍幼儿领域教育与活动指导的目标、内容和方法的基础上，通过教育实践，帮助学生掌握各领域教育活动设计与指导的一般方法和操作流程，能够合理设计各领域教育活动目标、活动过程和组织方式，撰写活动方案，进行适当的活动评价，从而获得幼儿园教师专业核心素养，为学生提高幼儿园教学活动设计与实施能力提供专业帮助。

14. 幼儿园教育环境创设

幼儿园教育环境创设课程是在第六学期开设的专业必修课程，36学时，修读学分为2，考核方式一般以形成性评价为主。幼儿园环境是幼儿发展的重要教育资源，创设适宜的教育环境是幼儿园教师必须掌握的技能。课程从幼儿园环境创设的意义与作用入手，从农村到城市、从室内到室外、从幼儿园到家庭、从方法途径到开发利用等多层面、多维度对幼儿园物质环境和精神环境的创设进行系统剖析和论述，让学生充分认识幼儿园环境的教育价值，并能合理创设和利用幼儿园环境。

15. 学前教育研究方法

学前教育研究方法课程是在第六学期开设的专业必修课程，36学时，修读学分为2，考核方式一般以形成性评价为主。本课程在分析学前教育科学研究的意义、原则及类型的基础上，详细介绍学前教育科学研究的基本步骤，学前教育科学研究课题的选择、学前教育文献的查阅以及学前教育科学研究计划的制订，系统讲述学前教育科学研究的基本方法、研究资料的整理与分析、研究成果的表述和科学研究论文的撰写，并介绍当前学前教育科学研究的动态与发展趋势。本课程是对学前教育专业理论知识和实践技能的综合运用，能为学生开展教育实习及完成毕业论文提供帮助。

16. 教育见习

教育见习课程是在第一、二、三、四学期开设的实践类必修课程，是学前教育专业教学过程的重要环节和教学活动的重要组成部分，学时为每学期各一周，共四周，修读学分为4，考核方式一般以形成性评价为主。课程旨在让学生通过教育见习，了解幼儿园保育及教育教学工作的主要内容、基本环节以及各项工作的操作规范和要求，激发学生热爱幼儿、热爱学前教育事业的专业情意，帮助学生加深对学前教育专业知识、专业技能的理解和掌握，培养学生分析和解决问题的意识和能力，树立正确的儿童观和教育观。

17. 教育研习与指导

教育研习与指导课程是在第一、二、三、四、五、六学期开设的课外实践类专业必修课程，修读学分为1.5，考核方式一般以形成性评价为主。课程以学前教育专业本科生导师制为实施形式，通过三年的师生交流与互动，指导学生学习及实践，使学生尽快适应大学的学习和生活，构建合理的专业知识结构，具备一定的自学能力和创新能力，全面发展专业思想和专业能力。本课程对于其他课程的学习具有辅助和补充作用。

18. 教育实习

教育实习课程一般是在第七学期开设的综合性实践课程，学时为18周，修读学分为9，考核方式一般以形成性评价为主。本课程旨在使学生了解学前教育教学工作的特点，将所学的基本知识和基本技能综合运用于教育教学实践，提高学生从事教育和教学工作的实际能力。课程期待学生能自觉运用科学的教育教学理念分析、设计和组织幼儿园教育教学活动，初步具备独立从事幼儿园教育教学工作的能力。课程还具有检验学生已有知识和技能、评估高校人才培养质量、不断改进教育和教学工作的功能。

19. 学前艺术技能

学前艺术技能课程是在第一、二、三、四、五、六、八学期开设的专业必修课程群，是服务于幼儿园保教工作和环境创设的艺术类课程，修读学分约为

18，考核方式一般以形成性评价为主。本课程群包括学前音乐技能、学前美术技能和学前舞蹈技能。学前音乐技能旨在使学生掌握音乐基础理论知识和视唱练耳基本技能，帮助学生运用科学方法开展声乐、琴法、编配等音乐活动，全面提高学生的音乐素质，为开展幼儿园音乐教育活动提供必要的知识与技能。学前美术技能旨在使学生获得美术基础知识和基本技能，并通过不同题材、主题的绘画训练，提高学生的审美能力、情感表达能力和创新意识，为开展幼儿园美术教育活动做好准备，并服务于幼儿园环境创设。学前舞蹈技能使学生了解舞蹈基础理论，掌握幼儿舞蹈的特点、分类，培养学生科学的幼儿舞蹈教育理念，使学生能够在未来的幼儿园教育实践工作中有效开展幼儿艺术教育活动。

| 教育家介绍 |

中国化幼稚教育的探索者——张雪门①

张雪门（1891—1973）是我国著名的幼儿教育家，在20世纪三四十年代与陈鹤琴先生并称为“南陈北张”，对我国北方和台湾的幼儿教育具有重要影响（图3-4）。他的主要著作有《幼稚园的研究》《幼稚园行政》《儿童保育》《新幼稚教育》《幼稚园行为课程》等，译有《福禄培尔母亲游戏辑要》和《蒙台梭利与其教育》，为我国幼儿教育作出了重要贡献。

图3-4　张雪门

中国化的幼稚园。张雪门自幼研读四书五经，也接受了西方新式教育，对西方价值观和教育管理方式有一定的认识。他先后到上海、南京、无锡、苏州等地参观，深切认识到当时的一些日

① 参见唐淑.学前教育思想史［M］.北京：人民教育出版社，2018：115-125；唐淑.中国学前教育史（第三版）［M］.北京：人民教育出版社，2015：217-232.

式蒙养园以及教会举办的幼儿教育对幼儿的不良影响，从此投入幼儿教育改革和研究事业中。1918年，他在家乡创办了第一所非教会式幼稚园——星荫幼稚园，对中国化幼稚教育作出探索。

幼稚园行为课程。张雪门系统提出了幼稚园行为课程的概念，包括行为课程的含义、内容、实施原则以及具体指导工作。他说："生活就是教育，五六岁的孩子们在幼稚园生活的实践，就是行为课程。"他认为这种课程"完全根据于生活，它从生活而来，从生活而开展，也从生活而结束，不像一般的完全限于教材的活动"。他还拟定了《中国北方幼稚园课程大纲》，创办"乡村教育实验区"，内设农村幼稚园、儿童工学团等。

幼稚师范教育思想。张雪门十分重视幼稚师范教育，他创办幼稚师范学校，培训幼教师资，主张学生到农村幼稚园实习，为走上工作岗位奠定基础。

| 练习与反思 |

1. 阅读相关文件，全面了解我国关于学前教育专业人才培养的指导思想和基本要求。

2. 准确描述自己毕业时应达到的专业水平。

3. 撰写《学前教育专业课程体系分析报告》。

4. 绘制以本篇内容为主题的思维导图，至少包含三级分支。

5. 填写以下反思内容：

关于本篇学习内容，我有如下问题：

对于上述问题，我尝试进行如下解答：

完成本篇内容的学习后，我有话要说：

我想就本周阅读过的书籍或文献谈谈自己的心得：

第四篇

规范行为：迈向学前教育学涯

> 我们深信如果全国教师对于儿童教育都有鞠躬尽瘁死而后已的决心，必能为我们民族创造一个伟大的新生命。
>
> ——陶行知《我们的信条》

| 学习导引 |

- 规范行为：迈向学前教育学涯
  - 规范——你知道学前教育专业学生应遵守哪些行为规范吗？
  - 资格——你了解取得幼儿园教师资格的相关规定和要求吗？
  - 去向——你清楚学前教育专业学生的毕业去向吗？
  - 发展——你知道毕业后就业或深造的途径吗？

一、学前教育专业学生的行为规范与约束

国家及各高校颁布的各项规章制度不仅是对学前教育专业学生行为规范的基本要求，也是学生自我行为管理和做人做事的标准，更是学生不良行为的预警标尺。深刻领会和执行行为准则及规定，能够保证学前教育专业学生沿着健

康、积极、高效的方向稳步迈入专业，顺利拓展学习及职业生涯。

（一）学前教育专业学生的基本行为规范

2005年3月，教育部颁布了《高等学校学生行为准则》，该准则从政治、思想、学习、道德、健康等方面对大学生提出了基本的行为要求，这是大学生处理好与国家、社会、学校、个人关系必须遵守的基本要求。

《高等学校学生行为准则》对大学生思想政治素质提出了要求。该准则具有三个显著特征：第一，反映了新时期国家经济社会发展对大学生的要求，具有鲜明的时代感；第二，基于对当代大学生特点和现状的分析，对大学生在学习、道德、修养和心理健康等方面提出要求，具有很强的针对性；第三，对大学生言论和行为应遵循的基本原则宏观而简洁，既是对大学生行为思想层面的倡导和要求，又为各高校根据本校实际情况制定相关规定留有较大的空间。[1]学前教育专业学生必须认真阅读、领会和熟知这个重要文件，并在学习和日常行为中端正态度，约束言行，努力使自己成为遵守和践行行为准则的优秀大学生。

二维码4–1　高等学校学生行为准则

“为规范普通高等学校学生管理行为，维护普通高等学校正常的教育教学秩序和生活秩序，保障学生合法权益，培养德、智、体、美等方面全面发展的社会主义建设者和接班人，依据教育法、高等教育法以及有关法律、法规”[2]，教育部在2017年2月颁布了《普通高等学校学生管理规定》，包括总则、学生的权利与义务、学籍管理、校园秩序与课外活动、奖励与处分、学生申诉、附则等七个方面共68条，对大学生的行为作出了明确规定。

① 参见《新〈高等学校学生行为准则〉出台》。

② 摘自《普通高等学校学生管理规定》。

学前教育专业学生肩负着促进学前儿童健康成长的重大使命，一定要认真研读《普通高等学校学生管理规定》，明晰自己在校期间应享有的各项权利和应尽的各项义务，清楚各项管理规定和要求，并在日常行为中加以贯彻落实，不违规，不越界，做新时代合格大学生，为将来从事学前教育事业奠定思想基础。

学前教育专业学生在全面了解国家关于大学生行为规范的各种规章制度的同时，还应当熟悉自己所在高校的规章制度和行为要求，并以此为标准，统筹安排大学四年的学习和生活，约束和管理自己的日常行为，为顺利获得学士学位作出努力。

二维码4–2　普通高等学校学生管理规定

（二）学前教育专业学生应知的职业行为要求

学前教育专业学生必须熟悉作为一名幼儿园教师应当遵循的职业行为规范，因为学生领会和理解幼儿园教师的职业行为要求，有助于其确立专业思想、获得专业情意和塑造专业行为。

学前教育专业学生必须熟悉和遵循的一个重要文件，是2018年11月教育部颁布的《新时代幼儿园教师职业行为十项准则》。该文件对照新时代、新要求、新形势和新问题，针对主要问题和突出问题，结合幼儿园教师的不同特点，提出了十条针对性的要求，包括坚定政治方向、自觉爱国守法、传播优秀文化、潜心培幼育人、加强安全防范、关心爱护幼儿、遵循幼教规律、秉持公平诚信、坚守廉洁自律、规范保教行为等，这些对幼儿园教师职业行为的要求既是正面倡导，又是师德底线，是幼儿园教师规范职业行为、进行自我约束、加强自我修养的准则。

《新时代幼儿园教师职业行为十项准则》不仅是对幼儿园教师职业道德行为的规范，也是对幼儿园教师提高政治素质、传播优秀文化、积极奉献社会等方面的要求。学前教育专业学生要学会站在幼儿园教师承担的重要使命和责任的高度去理解自己的专业行为，使自己在专业学习和实践中尽快找到自身定位。

《新时代幼儿园教师职业行为十项准则》不仅是对幼儿园教师的提醒和严管，还是对幼儿园教师良好师德、职业素质和从事幼儿园教师职业的最低要求。学前教育专业学生要培养底线意识，知道幼儿园教师的禁行性规定，要知准则、守底线，加强行动自觉，使自己在专业学习和实践中保持自重、自省、自警、自励，预防错误职业行为的发生。

资料 4-1

新时代幼儿园教师职业行为十项准则[①]

教师是人类灵魂的工程师，是人类文明的传承者。长期以来，广大教师贯彻党的教育方针，教书育人，呕心沥血，默默奉献，为国家发展和民族振兴作出了重大贡献。新时代对广大教师落实立德树人根本任务提出新的更高要求，为进一步增强教师的责任感、使命感、荣誉感，规范职业行为，明确师德底线，引导广大教师努力成为有理想信念、有道德情操、有扎实学识、有仁爱之心的好老师，着力培养德智体美劳全面发展的社会主义建设者和接班人，特制定以下准则。

一、坚定政治方向。坚持以习近平新时代中国特色社会主义思想为指导，拥护中国共产党的领导，贯彻党的教育方针；不得在保教活动中及其他场合有损害党中央权威和违背党的路线方针政策的言行。

① 摘自中华人民共和国教育部网站。

二、自觉爱国守法。忠于祖国，忠于人民，恪守宪法原则，遵守法律法规，依法履行教师职责；不得损害国家利益、社会公共利益，或违背社会公序良俗。

三、传播优秀文化。带头践行社会主义核心价值观，弘扬真善美，传递正能量；不得通过保教活动、论坛、讲座、信息网络及其他渠道发表、转发错误观点，或编造散布虚假信息、不良信息。

四、潜心培幼育人。落实立德树人根本任务，爱岗敬业，细致耐心；不得在工作期间玩忽职守、消极怠工，或空岗、未经批准找人替班，不得利用职务之便兼职兼薪。

五、加强安全防范。增强安全意识，加强安全教育，保护幼儿安全，防范事故风险；不得在保教活动中遇突发事件、面临危险时，不顾幼儿安危，擅离职守，自行逃离。

六、关心爱护幼儿。呵护幼儿健康，保障快乐成长；不得体罚和变相体罚幼儿，不得歧视、侮辱幼儿，严禁猥亵、虐待、伤害幼儿。

七、遵循幼教规律。循序渐进，寓教于乐；不得采用学校教育方式提前教授小学内容，不得组织有碍幼儿身心健康的活动。

八、秉持公平诚信。坚持原则，处事公道，光明磊落，为人正直；不得在入园招生、绩效考核、岗位聘用、职称评聘、评优评奖等工作中徇私舞弊、弄虚作假。

九、坚守廉洁自律。严于律己，清廉从教；不得索要、收受幼儿家长财物或参加由家长付费的宴请、旅游、娱乐休闲等活动，不得推销幼儿读物、社会保险或利用家长资源谋取私利。

十、规范保教行为。尊重幼儿权益，抵制不良风气；不得组织幼儿参加以营利为目的的表演、竞赛等活动，或泄露幼儿与家长的信息。

与《新时代幼儿园教师职业行为十项准则》相配套，教育部还颁布了《幼儿园教师违反职业道德行为处理办法》，制定了幼儿园教师违规惩处和责任追究机制，共14条。《幼儿园教师违反职业道德行为处理办法》明确新时代幼儿园教师的职业规范，划定基本底线，是对幼儿园教师职业行为的严肃警示，对深化师德师风建设具有促进作用。学前教育专业学生必须对它有所了解，并从当下开始重视自身师德修养，为将来从事幼儿园工作奠定思想基础。

二维码4–3　幼儿园教师违反职业道德行为处理办法

二、学前教育专业学生的教师资格与获得

根据《中华人民共和国教育法》和《中华人民共和国教师法》，凡在各级各类学校和其他教育机构中从事教育教学工作的教师，必须具备相应的教师资格，没有相应教师资格的人员不能聘为教师。《中华人民共和国学前教育法草案（征求意见稿）》第四十一条（教师资质）明确规定："国家实行幼儿园教师资格制度。幼儿园教师应当取得幼儿园教师资格；已取得其他教师资格的，经省、自治区、直辖市人民政府教育行政部门组织的专业培训并取得合格证书后，方可在幼儿园任教。"幼儿园教师资格法定凭证为"教师资格认定申请表"和幼儿园教师资格证书，在全国范围内适用。因此，学前教育专业学生要在大学毕业之前通过考试，获得幼儿园教师资格，这样才能进入幼儿园从事教师工作。

（一）幼儿园教师资格制度

幼儿园教师资格制度是我国实行的幼儿园教师职业准入制度和"持证上岗"制度。取得教师资格，拥有幼儿园教师资格证，既是幼儿园教师招聘录用的前

提，又是幼儿园教师岗位任教的必要条件，它对于不断优化幼儿园教师队伍具有促进作用。

《〈教师资格条例〉实施办法》对于教师资格认定条件作了相关规定，例如，申请认定教师资格者应当遵守宪法和法律，热爱教育事业，履行《中华人民共和国教师法》规定的义务，遵守教师职业道德。又如，国家对申请教师资格的人员，在教育教学能力方面也有明确规定：第一，具备承担教育教学工作所必需的基本素质和能力；第二，普通话水平应达到国家语言文字工作委员会颁布的《普通话水平测试等级标准》二级乙等以上标准；第三，具有良好的身体素质和心理素质，无传染性疾病，无精神病史，适应教育教学工作的需要，在教师资格认定机构指定的县级以上医院体检合格。

以上规定适用于幼儿园教师资格认定工作。此外，学前教育专业的本科学生可在三年级、四年级报考幼儿园教师资格，报考时间全国各省有所差异。学前教育专业学生要关注具体报考时间，通过网络及时查询与报名。

（二）幼儿园教师资格考试

幼儿园教师资格考试没有指定的教材，但有明确的考试大纲和考试标准。幼儿园教师资格考试的形式分为笔试和面试。笔试的基本内容包括综合素质、保教知识与能力两大部分。其中，综合素质主要考查报考者的职业理念、教育法律法规、教师职业道德规范、文化素养、基本能力等，考试题型一般有单项选择题、材料分析题、写作题等，共150分。保教知识与能力主要考查报考者关于学前儿童发展、学前教育原理、生活指导、环境创设、游戏活动的指导、教育活动的组织与实施、教育评价等方面的知识与能力，考试题型一般有单项选择题、简答题、论述题、材料分析题、活动设计题等，共150分。

笔试通过后，报考者还应参加专业面试。专业面试一般采取结构化面试、情景模拟和展示相结合的形式。考官由1名高校教师、1名幼儿园优秀教师和1名教研机构专家组成，通过报考者的展示、回答问题和陈述，考查其在职业认知、心理素质、仪表仪态、交流沟通、思维品质、了解幼儿、技能技巧和评价与反思等方面的表现，共100分。面试通过后，报考者即可申请幼儿园教师资格证。

总之，取得幼儿园教师资格是学前教育专业学生成为合格的幼儿园教师、未来从事幼儿园工作的前提条件。为了帮助学生顺利获得幼儿园教师资格，高校一般会为学生创设一定的条件，利用课余时间帮助学生系统梳理相关知识、训练相关技能等。学前教育专业学生应当主动了解幼儿园教师资格证的考试要求，结合在校学习的专业知识，从大学二年级开始就要有计划地进行准备，积极复习，备战教师资格证考试。通过认真复习和积极准备，学生一般可在毕业前取得幼儿园教师资格，获得资格证书。

二维码4-4　幼儿园教师资格考试标准（试行）

三、学前教育专业学生的学业与职业

学业是个人发展的重要组成部分，可以为人生带来精神和物质上的多重价值。一个人所学的专业会与他未来所从事的职业、事业有一定的联系，好的学业成绩会使学生在未来的职业生涯中有更多的就业机会和专业发展。因此，学前教育专业学生在四年的学业活动中，应珍惜学习时间，努力获得与未来职业相关的专业知识和专业能力。

（一）学前教育专业学生的岗位适应

学前教育专业以培养具有师德规范和教育情怀、拥有保教知识和保教能力、能够从事班级管理和综合育人工作、具备反思和沟通合作能力的学前教育工作者为核心目标，高校根据《幼儿园教师专业标准（试行）》《教师教育课程标准（试行）》以及社会需求，设置并实施相应的学前教育专业课程及教育实践活动，期待培养出具有良好师德与教育理念、丰富专业知识和较强专业能力的人才；而学生在校所学习的专业知识和所获得的专业技能，都是为未来作准备。

学前教育专业学生在大学毕业后，将有相当一部分人进入学前教育专业领域或与此相关的专业领域，从事与学前教育专业相关或相近的工作，如幼儿园教师、早教人员、特殊教育工作者等，学生在相关岗位上利用自己的能力与专长，研究、教育和服务儿童，帮助家庭，回馈社会，成就事业。当然，大学里所学的专业，不一定是所有学生日后进入社会所从事的职业，也会有一部分学生从事与学前教育专业不相关的职业，这与当下的市场需求有着密切关系，也与个人选择有关，甚至会受到入职机会的影响。就当前形势来讲，社会对人才的需求逐渐趋于多元化和复杂化，有的用人单位开始倾向于跨行业、跨专业任用人才，因此，那些具有多学科背景、综合素质好的专业人员会得到用人单位的青睐，从而获得更多的选择机会、从业机会和成长空间。

（二）学前教育专业学生的机遇与挑战

自2011年学前教育三年行动计划实施以来，我国的学前教育事业快速发展，幼儿园数量急剧增加，适龄幼儿入园率大幅提高。随着园所数量和入园幼儿人数的增加，幼儿园师资短缺问题较为突出，尤其是农村幼儿园师资短缺问题严重。

教育部2022年全国教育事业统计结果显示：2022年，学前教育毛入园率为89.7%；全国共有幼儿园28.92万所，在园幼儿4 627.55万人；普惠性幼儿园在园幼儿4 144.05万人，全国共有学前教育专任教师324.42万人。按照2013年教育部印发的《幼儿园教职工配备标准（暂行）》，全日制幼儿园教职工与幼儿的比例需为1∶5~1∶7的基本要求，幼儿园教师的缺口较大。因此，我国对幼儿园教师的需求量为学前教育专业学生提供了未来就业的机遇。

与此同时，幼儿园教师的职业素养要求对学前教育专业学生提出了职业发展的挑战。《幼儿园教师专业标准（试行）》从专业理念与师德、专业知识和专业能力三个维度，对幼儿园教师应具备的职业素养作出了详细描述，对于尚未入职的学生来说，不断训练专业思维、扎实获得职业素养并不是容易的事，需要在精神上和行动上付出双重努力。

建立积极的精神生态是学前教育专业学生面临的一大挑战，主要体现在以下三个方面：第一，在师德修养方面，要求学前教育专业学生在学习过程中，积极调整精神生态，使自己对学前教育专业有积极的专业认同，感受对儿童的爱和关心，从内心深处愿意从事学前教育工作，并打算在未来的工作中用爱心、耐心、细心、责任心做好幼儿园保教工作。第二，在态度情怀方面，要求学前教育专业学生对未来所从事的幼儿园工作有合理的预期，这样才能保证在教育见习、教育实习，乃至未来工作中，以平和的心态、饱满的热情和积极的态度对待看似平凡却十分重要的保教工作。第三，在教育行动方面，要求学前教育专业学生在观摩和学习入园接待、离园整理、午睡值班、盥洗室清扫、进餐帮助以及教育教学等工作的过程中，逐渐理解幼儿园教育对幼儿身心发展的重要意义，认同幼儿园工作的独特性。

实现专业行动自觉是学前教育专业学生面临的另一挑战。由于学前儿童的年龄特点和学前教育本身的规律，幼儿园教师与其他学段教师的工作有着明显不同。其他学段教师的基本工作是开展教学活动，而幼儿园教师的基本工作包括生活活动的开展、游戏活动的安排和教学活动的组织等，教师从入园到离园始终与儿童在一起，需要一起游戏和学习，需要指导儿童进餐、盥洗、睡眠等。面对不同年龄阶段的儿童，教师需要运用专业知识分析其身心发展的基本情况和学习需求，为他们的学习与发展提供有力的支持与帮助，包括创设环境、提供玩具、观察指导、开展评价等。因此，学前教育专业学生需要把以儿童为中心的思想贯彻在幼儿园工作的方方面面，自觉运用专业知识和专业技能，学会观察、分析和评价学前儿童的方法，为促进学前儿童的健康发展积累才干。

四、学前教育专业学生的就业与深造

学前教育专业学生在完成四年的专业学习任务、修满规定学分、获得学士学位之后，可以直接就业，也可以选择深造。因此，学前教育专业学生还需要对未来就业或深造的事情有所了解。

（一）学前教育专业学生的就业

学前教育专业学生就业的基本途径主要有以下三条。

第一条途径，参加国家各级教育主管部门组织的幼儿园教师招录考试，进入公办幼儿园工作，获取公办幼儿园教师职位。此类考试的目的是及时补充幼儿园缺编岗位，为幼儿园持续输入新鲜师资。第二条途径，参加各类民办幼儿园、早教机构的招聘，进入民办幼儿园或早教机构工作，获得教师职位。这条就业途径一般不进行笔试，通常由园所管理者组织专业面试，在评价和考察毕业生基本素质的基础上择优录取。民办幼儿园或早教机构的师资流动性相对较大，因此，一般为不定期招聘。近年来，随着民办幼儿园和早教机构数量的增加，师资需求量也在增大。第三条途径，参加“三支一扶”计划、“特岗计划”和“西部计划”等。

“三支一扶”计划是根据中央组织部、教育部、农业农村部、财政部等部门在2006年颁布的《关于组织开展高校毕业生到农村基层从事支教、支农、支医和扶贫工作的通知》，选拔招募高校毕业生到基层工作。每年4月底前，由省“三支一扶”办公室汇总岗位需求信息，综合确定各市招募岗位和数量，各市根据招募要求，采取考核或考试的方式进行招募。

“特岗计划”是根据《教育部、财政部、人事部、中央编办关于实施农村义务教育阶段学校教师特设岗位计划的通知》，由各省组织，公开招募高校毕业生到西部地区原“两基”攻坚县县以下农村学校任教，以持续优化农村学校教师结构，提高农村教师队伍的整体素质。

“西部计划”是由团中央、教育部、财政部、人力资源和社会保障部联合实施，结合西部省份实际，招募选拔高校毕业生或在读研究生到西部基层开展为期1~3年的志愿服务工作。

以上三个计划的落实一般采用公开招募、自愿报名、组织选拔、统一派遣的方式进行，报名时间一般在每年的5—6月，由主管部门组织专门的笔试与面试。

学前教育专业学生可以根据需求准确定位，把握时机，选择适合自己的就业途径，为获得适合的就业岗位做好思想上和行动上的准备。

（二）学前教育专业学生的深造

除了完成学业直接就业，学前教育专业学生还可以通过深造实现自己的专业发展。深造的基本途径有两条：一是参加国家级研究生入学考试，进行硕士研究生学习；二是通过提交申请资料到国外接受研究生教育。这里着重介绍我国的研究生入学制度。

目前，我国的硕士学位教育实行学术型学位和专业型学位双轨，分别授予学术型硕士学位和专业型硕士学位。报考这两种类型的硕士研究生都需要参加研究生入学考试，在笔试成绩通过后，还需要参加各高校自行组织的面试活动。此外，这两种类型的硕士研究生在培养目标和方式、招考条件和内容、读博通道、学制等方面有所不同。

一是培养目标和方式不同。学术型硕士的培养是按照学科设立的，以学术研究为导向，偏重于学生的理论学习和学术研究，目标是培养高质量研究型人才；专业型硕士是按照专业需要设立的，以专业实践为导向，更加重视学生的知识应用和实践训练，目标是培养高质量应用型人才。

二是招考条件和内容不同。大多数学术型硕士对报考者的工作经验没有要求，应届生和往届生都可以报考，而部分专业型硕士则要求报考者必须具备相关工作经验。另外，除专业课外，学术型硕士比专业型硕士对英语水平的要求高，考试的整体难度大。

三是读博通道不同。学术型硕士可以通过自己申请并由导师推荐读博，不参加全国统考，可以直博或者硕博连读；专业型硕士一般不能直博或硕博连读，需要参加博士生入学考试。

四是学制不同。学术型硕士的学制为全日制学习，一般为3年；专业型硕士的学制有全日制学习和半脱产学习两种形式，一般为2~3年。

学前教育专业学生如果有深造的意愿，需要对以上信息有所了解，这样才能做到定位准确，有的放矢。学生一旦确定了明确的深造方向，就应当进一步了解所要报考的学校及其专业，因为不同高校的研究生录取分数线是有差异的，要根据自己的实际情况进行甄选。接下来，学生就需要在大学本科期间，有意识地积累专业知识，培养专业能力，在学好现有课程的前提下，有目标地选择考研书目并进行有效的阅读和学习，或利用专业复习材料进行考研训练，以顺利实现深造愿望。

| 教育家介绍 |

我国20世纪伟大的人民教育家——陶行知①

陶行知（1891—1946）是我国现代教育史上伟大的人民教育家。他的教育思想和教育实践为后人留下了宝贵的财富，他以高尚的人格和无私奉献的精神，成为万世师表（图4-1）。

图4-1　陶行知

“解放儿童”的儿童教育思想。陶行知指出当时幼稚园教育的“外国病”“花钱病”和“富贵病”三种弊病，提出改革这些弊病的具体做法。例如，创办适合中国国情、省钱和平民化的幼稚园。他倡导解放儿童的创造力，包括解放儿童的头脑、双手、眼睛、嘴

① 参见孙培青.中国教育史（第三版）[M].上海：华东师范大学出版社，2008：471-480；唐淑.学前教育思想史[M].北京：人民教育出版社，2018：125-146；余子侠，王海凤.中国学前教育名著选读[M].北京：人民教育出版社，2020：379-380.

巴、空间和时间，倡导要给予儿童充分的营养，帮助儿童养成良好的习惯，要根据儿童的特点因材施教。

“教学做”的幼稚师范教育思想。陶行知推动幼稚师范教育改革，认为“普及教育的最大难关是教师的训练”，为此，他提出了培养幼儿教育师资的两条基本途径。一是改造或创办幼稚师范学校，他认为课程内容应包含儿童文学、园艺、美术、音乐、自然科学、医疗卫生、家庭伦理和幼稚园活动等课程。采用“教学做”的方法，使学生成为“看护的身手，科学的头脑，儿童的伴侣，乡村妇女的朋友和导师”。二是采用“艺友制”，培养幼稚教育师资，即用朋友之道教人学做教师。此外，他还提出生活即教育、社会即学校、教学做合一的生活教育理论。

注重育人的教师观。陶行知将教师的职责高度概括为“学高为师，身正为范”。他认为，教师应把育人放在第一位，正如他所说：“教师的道德品质，不仅是规范自己行为的需要，更重要的是用以教育学生的需要。教师职业的特殊在于育人，不仅用自己的学识育人，更重要的是用自己的品德育人，不仅通过自己的语言去传授知识，而且要用自己的灵魂去塑造学生的灵魂。”他的这些观点对于当今的教育工作者具有重要的借鉴价值。

二维码4–5　我们的信条

练习与反思

1. 查阅资料，进一步了解幼儿园教师资格证考试和研究生考试的具体内容和考试要求。

2. 向优秀幼儿园教师或往届考研学生请教，对自己的就业或深造取向进行初步的分析和评判。

3. 撰写《关于国家相关行为规范文件及本校规章制度的研读心得》。

4. 绘制以本篇内容为主题的思维导图，至少包含三级分支。

5. 填写以下反思内容：

关于本篇学习内容，我有如下问题：

对于上述问题，我尝试进行如下解答：

完成本篇内容的学习后，我有话要说：

我想就本周阅读过的书籍或文献谈谈自己的心得：

第五篇

陶熔学养：拓展学前教育专业视野

幼稚教育之关系甚大，所以须慎重办理。以儿童个人而论，这步教育不善，终身受影响，就是改正过来，也要费九牛二虎之力。我们大家都知道学习的开始是很重要的，正如同一出发点，可以向东，也可以向西，初时不注意，竟会闹成南辕北辙的，那岂不是比不学都坏吗？

——陈鹤琴《幼稚教育》

| 学习导引 |

- 陶熔学养：拓展学前教育专业视野
  - 核心——你知道学前教育的核心问题吗？
  - 历程——你了解我国学前教育的发展历程吗？
  - 现状——你了解我国学前教育的发展现状吗？
  - 问题——你关注我国学前教育发展中存在的主要问题吗？
  - 趋势——你了解当前学前教育改革与发展趋势吗？

一、学前教育的五大核心问题

（一）对学前儿童学习方式的尊重

学前教育需要关注的首要问题是学前儿童的学习方式。毋庸置疑，游戏是学前儿童的主要学习方式，这与游戏在学前儿童身心发展中的重要作用有关。也就是说，游戏是学前儿童的基本活动。

人类能动性的活动可以归纳为三种基本活动，即劳动、学习和游戏，这三种基本活动在个体的发展过程中发挥着不同的作用。其中，有一种活动在个体某一发展阶段中支配和影响其他活动，决定该阶段个体心理发展水平和特点，我们通常把这个活动叫作主导活动。成年人需要承担不同的社会角色和社会任务，劳动最有利于他们承担责任和完成任务，因此，劳动就是他们的主导活动。处于青少年时期的学生，正是心智成熟的关键时期，他们的思维水平逐渐提高，抽象思维能力快速发展，是吸收知识、获得技能、树立正确价值观的重要时期，因此，学习就是他们的主导活动。学前儿童处在个体发展的基础阶段，他们有参与社会生活的愿望，他们需要积极主动地探索周围环境，表达对周围世界的理解和感受，而实现这一需求的有效途径就是游戏。因此，游戏就是他们的主导活动。

游戏能促进学前儿童的身心健康发展，可以从以下三个方面作出分析。

第一，游戏的性质能解决学前儿童的心理矛盾。随着年龄的增长，学前儿童渴望像成人一样独立参与社会活动，这种心理需要与他们的经验和能力不足之间产生了矛盾，而游戏能有效解决这一矛盾。游戏是儿童自主自愿的活动，是愉快的活动，是假想的活动，是充满创造性的活动。学前儿童在游戏中，可以体验劳动过程和学习过程，既不需要承担一定的社会责任和义务，又能充分满足他们参与社会活动的愿望，身心发展中的矛盾得以解决。

第二，游戏的心理成分能满足学前儿童的心理需求。游戏的主要心理成分有想象、直接的兴趣和愉快的情绪、动作和语言等。学前儿童，尤其是幼儿期的儿童，通过想象满足自身的心理需求。他们可能不是想象力最丰富的人，但一定是最能体验想象过程和想象过程最不受定式影响的人。他们在由直接兴趣引起的游戏活动中，尽情享受想象过程，体验愉快的情绪。此外，学前儿童是通过各种动作和语言来进行游戏。他们在游戏活动中制定游戏规则，商讨游戏玩法，完成一系列探索活动。我们发现，在学前儿童的一日生活中，游戏占据着很大比例，游戏活动最能使儿童情绪愉快、兴趣盎然，最能满足他们的活动需要。

第三，游戏的教育功能能促进学前儿童身心健康发展。在游戏活动中，学前儿童扮演各种社会角色，操作不同材质的玩具材料，认识多变的外部事物，解决各种困难和矛盾，他们的感知力、注意力和记忆力会在不知不觉中得到训练，意志品质得到磨炼，社会性得到发展。学前儿童在操作玩具材料的过程中，可以认识事物的特点以及事物间的相互关系，从而使思维能力得到发展；他们在与游戏伙伴的互动中，逐渐学会应变、分享和自我照顾。我们经常看到，如果让一个3岁左右的儿童安静地站着不动，可能他2分钟都站不了，但是在游戏活动中，他是“哨兵”，需要紧握“钢枪”目视前方，他可能一下就可以站5分钟。可见，游戏活动可以使儿童学会坚持和专注，逐渐获得良好的学习品质。

（二）对学前儿童身心发展规律的顺应

学前教育需要关注的中心问题是学前儿童的身心发展。顺应学前儿童身心发展的规律和特征既是学前教育的起点，又是开展幼儿园教育教学的基础，同时也符合学前教育的儿童本位思想。

学前儿童的身心发展具有以下规律和特征。一是阶段性。学前儿童的身心发展既是一个连续的、渐进的量变过程，又是身心发展到一定程度的质变过程。在量变与质变的发展中，儿童的身心发展进入相对稳定的阶段。二是顺序性。学前儿童的身心发展大致按照由简到繁、由具体到抽象的顺序，具有不可逾越性。三是不平衡性。学前儿童在不同的年龄段，其发展的速度和水平具有明显差异。四是个体差异性。学前儿童在认知、意志、情感、个性等方面表现出差异。

同时，学前儿童还存在身心发展的关键期，这就为施加教育影响提供了充分的机会和条件，显示出教育的最佳期。幼儿园教师的教育教学行为应当始终理解并遵循这些规律和特征，在提出活动主题、设计教育活动方案、确定活动内容、选择活动方式以及评价活动过程时，要充分考虑儿童在不同年龄阶段的学习与发展目标：小班以儿童的感知觉训练、基本情绪体验和基本生活技能训练为主；中班和大班逐渐过渡到以探索发现新知识、拓展能力和开展创造性活动为主。

此外，顺应儿童的身心发展规律应注意以下两个方面。

第一，把握学前儿童在游戏、一日活动中表现出的认知特征，理解他们在社会性、情感领域表现出的综合能力，对他们的当前发展状况有所掌握，并与同一年龄段的群体儿童应达到的水平进行比较，进而准确评估他们的认知程度、个性特点、兴趣爱好、学习品质以及整体发展水平。这对于教师有效地设计活动、选择材料、提供指导、鼓励同伴交往、促进儿童成长和发展是极为有利的。

第二，时常注意落后或超前于正常水平儿童的需要，密切关注他们的状态，准确发现每个儿童的独特之处，设计能引导他们继续进步的各种活动，或在必要的时候给予适当的专业帮助。这对于教师充分满足不同儿童身心发展的需要是极为有利的。

（三）对幼儿园课程特殊性的表达

学前教育需要关注的实践问题是幼儿园课程。幼儿园课程就是把儿童的学习和儿童的发展联系起来，具有鲜明的专业特殊性，这是促进学前儿童发展的着力点。

第一，从课程目标的定位上，幼儿园课程是以培养学前儿童对周围世界的兴趣、调动学前儿童的积极情绪、启迪学前儿童的健康心智为主要目标的多元课程。幼儿园课程不以传授学科知识为主，而是重视学前儿童在学习中的体验、感受和表达，为他们的后续学习和终身发展奠定良好的基础。因此，幼儿园课程既承载着幼儿园教师实施教育的目的性，又显示着学前儿童发展的可能性。

《幼儿园教育指导纲要（试行）》追求的正是这二者的内在统一性，而实现最大统一性的首要因素就是学前儿童的直接兴趣、积极情绪和自主活动。《幼儿园教育指导纲要（试行）》指出，要“从不同的角度促进幼儿情感、态度、能力、知识、技能等方面的发展”，这种排序是有意义的。同样，《3—6岁儿童学习与发展指南》也强调，要“重视幼儿的学习品质。幼儿在活动过程中表现出的积极态度和良好行为倾向是终身学习与发展所必需的宝贵品质。要充分尊重和保护幼儿的好奇心和学习兴趣，帮助幼儿逐步养成积极主动、认真专注、不怕困难、敢于探究和尝试、乐于想象和创造等良好学习品质。忽视幼儿学习品质培养，单纯追求知识技能学习的做法是短视而有害的”。所以，在幼儿园课程目标的定位上，要以促进儿童的情感和态度发展为主要目标。

第二，从课程实施的形式上，幼儿园课程是以游戏为主要形式的综合课程。幼儿园课程不是传统意义上的教学活动，它包含了学前儿童一日生活的所有环节、环境创设、家园合作、社会资源利用等各种教育要素和过程。为了给学前儿童提供科学的保教支持和有益于他们身心发展的各种刺激，不能进行大量的纸笔练习，也不能要求他们从事超过其发展水平的技能型训练，而是需要为他们创设适宜的学习和发展环境，以便他们能够探究和游戏。《3—6岁儿童学习与发展指南》指出：“幼儿的学习是以直接经验为基础，在游戏和日常生活中进行的。要珍视游戏和生活的独特价值，创设丰富的教育环境，合理安排一日生活，最大限度地支持和满足幼儿通过直接感知、实际操作和亲身体验获取经验的需要，严禁‘拔苗助长’式的超前教育和强化训练。”因此，教师应当在课程实施方面为儿童提供帮助和支持，做儿童学习和发展的支持者、引导者。

第三，从课程设计的程序上，幼儿园课程设计是一个循环往复、不断推进的循环式程序。首先，教师要对学前儿童的行为进行客观观察和记录，并保证获得真实可靠的信息。然后，教师要依据该年龄阶段学前儿童的年龄特征或学习标准对观察到的儿童行为作出评价，进而锁定儿童的学习需求，制订相应的课程计划。最后，在课程计划的实施环节，教师需要再次观察学前儿童在活动中的行为表现，对课程计划进行及时的、动态的调整，以适应儿童的需求，直至课程结束。课程设计就是在这样的循环往复中不断推进，最终实现课程目标（图5-1）。

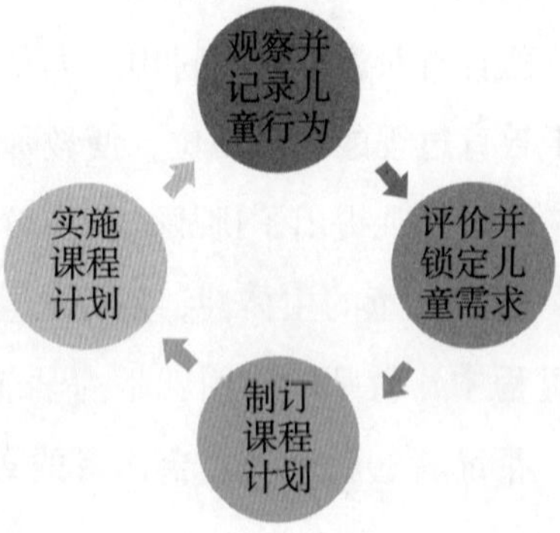

图5-1　课程设计与实施过程

第四，从课程内容的结构上，幼儿园课程是由五大领域共同支撑的渗透式课程。幼儿园课程内容是学前儿童各种学习活动的总和，包括健康、语言、社会、科学、艺术五大领域的课程，把这些课程内容有机相融地科学渗透到保教过程中，让学前儿童度过快乐而有意义的童年，促进他们在体、智、德、美、劳各方面的协调发展，这是学前教育课程的功能。《3—6岁儿童学习与发展指南》“从健康、语言、社会、科学、艺术五个领域描述幼儿的学习与发展。每个领域按照幼儿学习与发展最基本、最重要的内容划分为若干方面。每个方面由学习与发展目标和教育建议两部分组成。目标部分分别对3—4岁、4—5岁、5—6岁三个年龄段末期幼儿应该知道什么、能做什么，大致可以达到什么发展水平提出了合理期望，指明了幼儿学习与发展的具体方向；教育建议部分列举了一些能够有效帮助和促进幼儿学习与发展的教育途径与方法”。学前儿童的发展是一个整体，因此，幼儿园课程内容强调从整体上关注儿童的学习与发展，应当“注重领域之间、目标之间的相互渗透和整合，促进幼儿身心全面协调发展，而不应片面追求某一方面或几方面的发展”。

（四）对幼儿园教师的角色定位

学前教育需要关注的定位问题是幼儿园教师的角色。幼儿园教师对自己职业角色的定位反映出他们所持有的教师观，这是教师对自己在教学活动过程中的地位和权利的认识。传统的教师观习惯于将教师比作蜡烛、园丁、人类灵魂的工程师，这种定位虽然蕴含着对教师默默付出、无私奉献和思想影响的褒奖，但是，也可能将教师置于教育过程的主导地位，使教师成为教育活动的领导者。人本主义学习理论对传统的教师观提出了挑战，认为教师应与儿童的地位平等，作为儿童发展的促进者，尊重儿童的主体性，发挥儿童的独立性。根据这一理论，在学前儿童的学习过程中，教师的作用就是为学前儿童创设适宜的学习和发展的环境，以促进者、帮助者、辅助者、合作者的身份，促进学前儿童学习与发展。

幼儿园教师应是儿童值得信任的合作者，那种虚假的、不诚恳的教师行为不值得提倡，因为这可能让学前儿童体验到不信任感。幼儿园教师应是学前儿童的行为榜样，对于那种有违教师规范和人格表现的不当行为应予以批判，因为这可能对学前儿童的身心发展带来不利影响。

幼儿园教师应是幼儿园教育环境的创设者。幼儿园教育环境既包括园舍建筑、园内装饰、活动区域等物理环境，又包括师幼关系、伙伴关系、班级氛围等心理环境。自由、宽松的教育环境能让儿童自主思考，主动进行探索和学习，在与教师和同伴的交往和互动中感受、表现并成长。

因此，教师观是一种主体性、个人化的认识观念，是内隐于幼儿园教师头脑中的对教育问题的看法。教师观的转变可以带来教育教学行为的改变，幼儿园教师如果具有先进的教师观，就可能表现出适宜的教育教学行为，从而更好地顺应学前儿童身心发展的规律和特点。

案例 5-1

幼儿园的常见现象

现象一：“老师，我可以玩这个玩具吗？”——应提供数量充足的活动材料，让儿童自由选择和使用。

现象二：“老师，我可以用那支红色的笔画画吗？”——应鼓励儿童大胆发挥想象，支持儿童进行自主绘画活动。

现象三：“老师，我可以去卫生间吗？”——应创设宽松的心理环境，让儿童敢于表达需求。

现象四：“老师，他不跟我玩了！”——应帮助儿童寻找原因，妥善处理同伴冲突。

现象五：“老师，我吃完了！接下来做什么？”——应根据生活作息安排，给予儿童自由活动的时间。

现象六：大声呵斥儿童“快点儿吃！大口吃！”——应提醒儿童在进餐中细嚼慢咽，适当停顿。

现象七：随意中断儿童的自由活动，使他们总不能尽兴玩耍。——应给儿童充足的调节情绪的时间。

现象八：投放玩教具或设计课件过于随意、不科学。——应为儿童创设科学的认知环境和实物操作条件。

现象九：要求儿童“不要在楼道里奔跑”。——应在拐角处放一面镜子，儿童会在拐弯时自动放慢脚步。

现象十：要求儿童“不能爬墙、爬窗户”。——应设计一个攀爬区，让儿童在那里尽情攀爬、玩耍。

评述：以上现象在幼儿园较为常见，反映了幼儿园教师在教师观上存在的问题。教师应当尽量为儿童创设安全、自由、宽松的教育环境和生活环境，并鼓励他们在其中积极探索，但是，过分强调规定和安全制度，会使儿童失去许多独立探究和学习的机会，不利于培养儿童的勇敢精神，甚至会让儿童失去冒险的精神和勇气。幼儿园的规定和制度不应成为约束儿童活动和生活技能训练的障碍，只有在创设好安全环境的前提下，允许和鼓励儿童主动参与活动、自己料理生活，才能使他们的活动能力得到训练和提高。幼儿园教师的思想观念、态度会在师幼交往中表现出来，在教师眼里，儿童身上存在的依赖性强、独立性差等问题，实际上与教师对儿童的行为过于约束有关。因此，教师应经常反省自己的思想，规范自己的专业行为，使自己成为学前儿童成长的榜样，让所有学前儿童感受到爱和尊重。教师应将引导学前儿童主动探索、关注和满足儿童的发展需求作为自己的常态专业行为。

（五）对家园共育的落实

学前教育需要关注的实施问题是家园共育的落实。一直以来，幼儿园教育被认为是对学前儿童进行教育的主要形式，但是，它并不能构成学前教育的全部，因为学前儿童不可避免地要受到来自家庭、社区等因素的影响，只有当幼儿园、家庭等各种因素的影响保持一致，学前教育的功能才可能得到最大程度发挥。因此，学前教育一贯追求家庭和幼儿园的合作互补、合力共育，这是学前教育取得成效的关键所在。家园共育在促进学前儿童健康成长方面起着重要作用，它像一座桥梁，把促进学前儿童发展的幼儿园和家庭两大主体连在一起，通过双方积极主动的相互理解、相互配合和相互支持，在互动中共同促进学前儿童的身心发展，主要表现在以下三个方面：第一，在家园共育中，家庭成员参与幼儿园的教育教学过程，有助于为学前儿童的发展确立共同的教育目标。第二，家园共育能使教育过程、教育方式在幼儿园和家庭两种环境下保持一定的连续性、一致性和互补性。第三，家园共育不仅能促进幼儿园教师的专业成长，还能提高家庭成员的教育能力和教育水平，共同助力儿童的发展。

家园共育的内容和形式应围绕学前儿童这一核心主体展开，其中，幼儿园要主动发挥自身的专业优势，在兼顾幼儿园和家庭需求的前提下，发挥引领作用。例如：幼儿园利用家庭教育指导、“家长开放日”等形式引导和督促家长参与学前儿童的教育过程；幼儿园利用参观博物馆、校外教育基地等形式，拓展幼儿园教育资源，丰富幼儿园教育的内容；幼儿园利用家委会等形式，鼓励家长参与教育决策与管理；幼儿园利用“家长进课堂”等形式，将家庭资源纳入幼儿园课程资源中。

幼儿园教师应积极研究和发现目前家园共育存在的问题，增强家园合作意识，主动积累家园共育经验，注重与家庭的平等沟通，进一步拓展和理顺沟通渠道，使家园共育工作落到实处。幼儿园教师可以了解不同家庭的需求，并在此基础上有针对性地为每个儿童的健康成长设计个性化的保教方案；还可以运用现代信息技术拓展家园共育的途径，共享教育资源，及时传递最新的学前教育动态。

二、我国学前教育的发展历程

我国学前教育的发展大致经历了萌芽初创期、初步形成期、早期发展期、普及提升期和快速发展期等五个阶段。

第一个阶段为萌芽初创期。鸦片战争以后，外国教会在我国率先举办幼稚园和幼稚师范学校。在内忧外患的危机形势下，国内一些有识之士在“教育救国”思想的鼓舞下，在各地陆续举办了幼稚园。湖北巡抚端方于1903年在武昌创办的幼稚园被学术界公认为是我国第一所公办幼稚园。1904年，清政府颁布《奏定蒙养院章程及家庭教育法章程》，这是我国近代第一个学前教育法规，在学前教育史上具有重要意义。之后，全国各地的蒙养院陆续出现，如1905年严修创办的“严氏蒙养院”。1912年，南京临时政府教育部颁布“壬子癸丑”学制，将幼儿教育机构的名称由“蒙养院”改为“蒙养园”。经历了萌芽期的稚嫩，我国学前教育进入了初步形成期。

第二个阶段为初步形成期。“五四运动”以后，随着社会的变革，学前教育也发生了历史性的变革。1922年，民国教育部颁布了《学校系统改革令》，将“蒙养园”改称为“幼稚园”，并将其纳入初等教育学制系统。1932年颁布的《幼稚园课程标准》，使我国开始有了统一的幼稚园课程标准。1939年，教育部颁布了《幼稚园规程》，这是我国学前教育史上又一重要法规。这一时期，涌现出了一大批杰出的学前教育家，有陶行知、陈鹤琴、张雪门、张宗麟等。中国共产党领导下的革命根据地的学前教育也在长期实践中不断发展，逐渐形成了明确的教育方针、教育目标、教育内容和系统的教育方法。其中，被称为“马背摇篮”的延安第二保育院，就是这一时期的典型代表，主要培养革命者的后代，为中国学前教育的发展积累了经验，奠定了基础。经历了形成期的初步积累，我国的学前教育思想体系开始形成。

第三个阶段为早期发展期。中华人民共和国成立初期，学前教育迅速发展。1951年，中央教育部制定了《幼儿园暂行规程（草案）》，明确规定了幼儿园的教育方针、目标、任务和教养原则。1956年，教育部、卫生部、内务部又颁布了《关于托儿所、幼儿园几个问题的联合通知》，鼓励各界采用多种方式举办托儿所和幼儿园，全国幼儿园数量迅速增加，我国学前教育事业得到了初步发展。在“文化大革命”时期，我国的学前教育事业受到冲击，一度处于相对停滞的状态。

第四个阶段为普及提升期。1978年，党的十一届三中全会后，国家实施改革开放战略，学前教育事业有了长足发展。在这一阶段，学前教育开始步入法制化轨道。1980年，教育部颁布了《关于办好中等师范教育的意见（试行草案）》，对幼儿师范教育提出了明确要求，全国各地纷纷举办幼儿师范学校或幼师班，为幼儿园培养了大量的师资，有效地促进了幼儿师范教育的发展。除此之外，我国还颁布了《幼儿园工作规程（试行）》《幼儿园管理条例》《幼儿园教育指导纲要（试行）》等一系列学前教育政策文件，我国的学前教育事业处于普及提升期。

第五个阶段为快速发展期。2010年7月，中共中央、国务院颁布的《国家中长期教育改革和发展规划纲要（2010—2020年）》将学前教育单列出来，提出了普及学前教育的计划；同年11月，《国务院关于当前发展学前教育的若干意见》颁布，着力解决“入园难”问题，并提出实施学前教育三年行动计划，体现了政府对学前教育事业的高度重视。2012年，《3—6岁儿童学习与发展指南》颁布，使实施有质量的科学保教、促进学前儿童身心健康发展的理念逐渐深入人心。在这一阶段，国家还颁布了《教师教育课程标准（试行）》《幼儿园教师专业标准（试行）》《学前教育专业认证标准》《学前教育专业师范生教师职业能力标准（试行）》等一系列文件，学前教育事业进入了快速发展期。

三、我国学前教育的发展现状与主要问题

近年来，我国高度重视学前教育。2018年，《中共中央　国务院关于学前教育深化改革规范发展的若干意见》中明确指出，“办好学前教育、实现幼有所育，是党的十九大作出的重大决策部署，是党和政府为老百姓办实事的重大民生工程”。该文件对新时代学前教育的改革发展进行了系统谋划和全面部署，并提出了一系列重大政策和措施，有力地推动着我国学前教育事业持续发展。

2019年，《国务院关于学前教育事业改革和发展情况的报告》分析了我国学前教育的发展现状和主要问题。以下将参考该报告的相关内容，并结合自身的研究进行全面分析。

（一）发展现状

从总体情况来看，学前教育规模快速扩大，普及水平稳步提升，普惠程度不断提高，民办园迅速发展，区域差距逐步缩小。

从教师队伍来看，“目前全国已有505所高校设置学前教育专业，本专科招生规模超过20万人”。同时，国家还持续进行幼儿园教师在职培训，最为典

型的就是幼儿园教师“国培计划”。教育部还出台了《幼儿园教职工配备标准》《幼儿园教师专业标准（试行）》《幼儿园园长专业标准》等国家标准，加强幼儿园师资配备，鼓励“各地通过公开招考、小学富余教师转岗、特岗计划、公费师范生等多种方式补充幼儿园教师”，并健全工资待遇保障机制。目前，我国开展的师范院校学前教育专业国家认证工作，对提高高校的办学质量和幼儿园教师职前培养质量具有巨大的促进作用。

从监管体系来看，在完善监管制度上，国家在加强源头监管、完善过程监管、强化安全监管等方面提出了明确要求。“教育部修订《幼儿园工作规程》，会同有关部门印发《幼儿园建设标准》《幼儿园收费管理暂行办法》《托儿所幼儿园卫生保健管理办法》《托儿所幼儿园卫生保健管理工作规范》，进一步完善办园标准，规范办园行为。”在创新监管方式上，“运用互联网等信息化手段对幼儿园保教过程加强监管，推动各地把好办园审批和园长、教师资质入口关，强化对幼儿园教师配备、安全防护、卫生保健、营养膳食、保育教育、收费及经费使用等方面的动态监管。国务院教育督导委员会办公室印发《关于进一步做好幼儿园办园行为督导评估工作的通知》和《幼儿园责任督学挂牌督导办法》，并在2018年开展了幼儿园规范办园行为专项督导检查”，对幼儿园进行实地督导和评估。2022年2月，教育部印发《幼儿园保育教育质量评估指南》，推动了我国教育评价制度的建立健全，促进了学前教育的高质量发展。

为了健全我国的学前教育法律制度，国家加快了学前教育立法进程。根据宪法、教育法及其他有关法律法规，经充分调研与广泛征求意见，教育部于2020年9月7日研究、形成和发布了《中华人民共和国学前教育法草案（征求意见稿）》，内容围绕学前儿童、幼儿园的规划与举办、保育与教育、教师和其他工作人员、管理与监督、投入与保障、法律责任等维度展开，共分为9章75条。该草案面向社会公开征求意见，这意味着学前教育立法迈出了关键一步，具有里程碑意义。

国家在出台一系列政策、制度的同时，还采取了一系列行动，多措并举，以提高幼儿园保教质量和幼儿园教师质量。如，通过“学前教育三年行动计划”的实施，大力发展和完善普惠性学前教育，纠正和杜绝学前教育“小学化”倾向，着力推进幼儿园教育与小学教育的科学衔接，全面提高幼儿园保教质量。

（二）主要问题

近年来，我国学前教育得到快速发展，但由于多种原因，目前学前教育仍然是我国教育体系的薄弱环节，发展不平衡不充分的矛盾在学前教育领域表现还比较突出。主要表现在以下几个方面。

第一，普惠性资源短缺。普惠性学前教育资源短缺制约着我国学前教育事业的长足发展。在农村地区、少数民族地区、集中连片特困地区，普惠性资源不足的问题比较突出。

第二，教师队伍建设有待进一步加强。高质量的教师队伍是推进学前教育有质量发展的根本保证。按照每班“两教一保”标准测算，目前全国幼儿园专任教师缺口较大。公办园专任教师在编比例偏低，有些地方还存在公办幼儿园编制核定不及时的问题，人员流动性大，教师队伍不稳定。尤其在农村地区，教师的专业水平参差不齐，专科学历的教师数量比例较高，教师对学前儿童发展和学习方式的认识不够，专业化程度有待提高。

第三，成本分担机制有待完善。有些地方的公办园保教费收费标准较低，且长期得不到调整，加之生均公用经费标准普遍偏低，导致公办园运转存在困难。还有些地方对非营利性民办园收费实行市场调节，自主定价，不断提高收费标准，导致家长负担过重。

第四，“小学化”现象依然存在。幼儿园“小学化”问题是目前加快我国学前教育专业化、规范化进程的突出瓶颈。2018年7月，《教育部办公厅关于开展幼儿园“小学化”专项治理工作的通知》指出“严禁教授小学课程内容。对于提前教授汉语拼音、识字、计算、英语等小学课程内容的，要坚决予以禁止。对于幼儿园布置幼儿完成小学内容家庭作业、组织小学内容有关考试测验的，要坚决予以纠正。社会培训机构也不得以学前班、幼小衔接等名义提前教授小学内容，各地要结合校外培训机构治理予以规范”。但是，幼儿园“小学化”现象在一些地方依然存在，尤其是欠发达地区的农村幼儿园和一些民办幼儿园更为明显。2021年3月，《教育部关于大力推进幼儿园与小学科学衔接的指导意见》要求遵循儿童身心发展规律和教育规律，坚持儿童为本、双向衔接、系统推进、规范管理的基本原则，建立幼儿园与小学科学衔接的长效机制，帮助儿童顺利实现从幼儿园到小学的过渡。这在一定程度上可以解决幼儿园“小学化”问题，使幼小衔接更加科学、明确和规范。

第五，学前教师教育改革仍需深化。为了培养德、智、体、美、劳全面发展的新时代幼儿园教师，举办学前教育专业的高校要在不断深化改革的过程中，严把学前教育人才培养质量关，为幼儿园输送合格人才。主要从以下几个方面做起：需要在深化教育教学改革、全面提高人才培养质量上作出持续性的努力；需要为学前教育专业建设设计与本地区相适应的科学路径和关键举措；需要在不断提高课程教学质量上下功夫；需要在严格的教育教学管理中，强化教师教学的主体责任；需要加强教育教学质量评价制度。

四、学前教育改革与发展趋势

（一）关注儿童的学习与发展

20世纪被誉为“儿童的世纪”，一个多世纪以来，关注儿童成为学前教育改革与发展的最大亮点。

第一，践行儿童视角的学前教育。儿童观的变革是世界学前教育改革与发展的显著特征之一。随着全球教育主体性思潮的影响，人们逐渐认识到，儿童才是教育过程的真正主体，尊重儿童的发展规律和特点、理解儿童的能动性和差异性、关注儿童的身心需求，是决定教育成败的关键因素。以儿童为本的教育理念和儿童视角的教育行为逐渐深入人心。

第二，强调学前儿童的全面发展。随着科学技术的不断进步、知识经济和信息社会的到来，世界各国的教育均需要培养全面发展的高素质、综合性人才。学前教育作为基础教育的重要组成部分，它的早期启蒙作用，在于为人一生的发展奠定基础，学前教育的责任是为儿童提供能够促进他们身体发育、社会性发展、情感培育、认知提高、个性形成以及人身安全的保教环境。关注儿童的所有发展领域才是适宜的学前教育，这一认识已成为世界各国学前教育工作者的共识。

第三，重视学前儿童的学习内容和过程。随着对回归生活教育理念的认可和理解，世界各国的学前教育开始普遍重视教育内容的变革，倡导教育内容与儿童的实际生活相联系、关注学前儿童的学习过程成为学前教育的方向。学前教育重视儿童在生活中的学习和发展，强调在发展中学习，提倡以学前儿童自身的生活经验为基础，培养他们积极的态度、健康的情感和较强的能力。因此，学前教育更加注重学前儿童感受生活、自主探究和解决问题的过程。

第四，提倡对学前儿童开展形成性评价。随着现代教育评价理论的发展，对学前儿童发展的评价内容已从片面转为全面，评价方式从定量转为定量与定性相结合，评价功能也从甄别转为促进。由于评价内容、评价方式和评价功能的变革，使评价过程更加重要，因此，形成性评价成了学前教育评价的重要方式。人们普遍的共识是，形成性评价能够有效地促进学前儿童的全面发展、主动发展和健康发展，能够更好地促进幼儿园教师的专业成长。

（二）关注有不同需求的儿童

20世纪中后期，学前教育民主化、实现教育公平的问题被世界各国关注。为了促进学前教育向民主化方向发展，世界各国纷纷颁布相关的政策法规，目的是通过对处境不利儿童实施补偿教育，保证他们的受教育权利。

第一，对不同文化背景下儿童教育问题的关注。世界性的人口流动、移民等社会现象，带来了一系列的儿童教育问题，开展多元文化的学前教育已成为世界趋势。1990年正式生效的联合国《儿童权利公约》明确指出，应对儿童进行多元文化教育，目的是“培养对儿童的父母、儿童自身的文化认同、语言和价值观、儿童所居住国家的民族价值观、其原籍国以及不同于其本国的文明的尊重；培养儿童本着各国人民、族裔、民族和宗教群体以及原为土著居民的人之间谅解、和平、宽容、男女平等和友好的精神，在自由社会里过有责任感的生活”。例如，世界各国均十分重视学前教育中的双语教育，目的就是要帮助儿童获得理解他国文化的基本能力。

第二，对特殊儿童教育问题的关注。学前融合教育逐渐成为国际教育发展的潮流，这种以“多元化”“零拒绝”为主要特征的教育，体现了对具有特殊需求的儿童的实质性关照。目前，学前融合教育也逐渐成为教育界的重要领域。世界各国深入认识学前融合教育，并对其关注、理解和接纳，教育界开始实施多学科协作的融合教育理论研究和实践探索，政府对融合教育的有效干预也逐渐增多。我国从1988年开始推行随班就读制度，并把它作为特殊教育的一种形式，这是对有特殊需求的儿童接受公平、公正教育的重要保障，具体做法就是让有特殊需求的儿童在普通教育机构中和普通儿童一起接受教育，并进行必要的康复和补偿训练，使他们和其他正常学前儿童一样学会做人、学会求知、学会创造，从而保证他们能在今后自立、平等地参与社会生活。

二维码 5–1　英国政府学前融合教育案例

第三，对贫困家庭的儿童教育问题的关注。贫困是一个世界性难题，是人类需要共同面对的重要历史任务。身处贫困环境中的儿童在接受良好教育、谋求发展方面有诸多不利因素，学前教育正在为反贫困事业作出应有的贡献。例如，美国的“开端计划”就具有一定的代表性，它是美国联邦政府对处境不利儿童提供学前教育和健康保健方面的补偿教育，它追求教育公平，目的是为低收入家庭的儿童提供良好开端，为他们一生的发展奠定坚实的基础，斩断贫困代际链条。“开端计划”在一定程度上促进了社会的教育公平。我国在持续推进教育精准扶贫的过程中，正在通过发展高质量的学前教育来缩小农村贫困地区儿童与城市儿童的发展差异，同时在反贫困与促进农村学前儿童发展的教育干预研究方面做了大量的理论研究和实践探索，其成果正在对我国学前教育事业的发展发挥重要作用。

（三）强化政府的主导职能

学前教育事业的稳步发展离不开政府的参与。世界各国的政府都以不同的形式发挥其在学前教育发展中的主导作用。学前教育政策作为国家教育政策的一部分，对于学前教育的发展起着引领性、纲领性的作用，是世界各国强化政府主导职能的显著表现。

我国在2010年颁布了《国家中长期教育改革和发展规划纲要（2010—2020年）》，提出了我国在2010年至2020年的教育发展任务。这是我国进入21世纪后的第一个国家级教育规划。顾明远教授曾发文详细介绍了它的研制过程。他认为，《国家中长期教育改革和发展规划纲要（2010—2020年）》的制定，是新时期我国经济社会发展的需要、国际形势的需要和我国教育现状的需要。[①]它把关于学前教育的内容单独列在第三章，把发展农村学前教育作为重点任务，为我国学前教育事业的发展指明了方向。这一纲领性文件显示了国家对学前教育的高度重视和支持，它的实施保证了我国未来学前教育的可持续发展。同年，《国务院关于当前发展学前教育的若干意见》颁布，明确了重点扶持中西部地区和农村幼儿园的发展思路，这是以国务院名义专门印发的关于学前教育工作的文件，具有重要的里程碑意义。2018年，《中共中央　国务院关于学前教育深化改革规范发展的若干意见》进一步明确了学前教育改革发展的前进方向和重大举措，旨在破解我国学前教育发展中出现的各种难题。

英国政府在2010年颁布了《确保开端指导纲要》，对政府工作职责进行了明确的规定和要求，体现出政府在干预早期教育、确保开端计划实施中承担的

---

① 顾明远.实现教育现代化的宏伟蓝图——学习贯彻《国家中长期教育改革和发展规划纲要》[J].北京师范大学学报（社会科学版），2010(5)：5-13.

重要角色和任务。文件规定：政府应建设确保开端儿童中心，保证每个家庭尤其是贫困家庭在需要的时候能够得到相应的援助；政府必须提前进行意见征询，并且地方政府需要证明将要作出的决定是如何把民众的意见征询反馈考虑到具体的决策当中的。同时，建议地方政府、初级护理信托等部门在操作上应该履行其相应的职责，对当地政府发展学前教育起到指导作用。①

20世纪80年代末，美国发起了“标准化教育”改革运动，旨在建立统一的教育标准和课程，在这个背景下，美国大部分州都制定和实施了《3~5岁儿童早期学习标准》。美国政府把发展有质量的学前教育放在国家战略的高度，强调基于标准的课程改革，值得世界各国借鉴。

俄罗斯在2010年召开了“低龄儿童照料与教育师资培训政策发展”大会，大会的主要目标是帮助俄罗斯政府制订和执行相关计划，并管理联合国教科文组织开展的项目，尤其要重视课程开发工作。本次会议最终形成了“低龄儿童照料与教育师资培训前景、政策、质量、研究与革新”报告。俄罗斯政府为了完善低龄儿童教育，建立了一系列比较完善的资助体系，包括师资培训、课程开发和政策保障等。俄罗斯政府在学前教育的发展中充分发挥了主导作用。②

日本文部科学省为了推进幼儿教育政策的顺利实施，完善国立、公立和私立幼儿园的教育设施，振兴日本幼儿教育，在2006年颁布了《幼儿教育振兴行动计划》。这项计划的运行周期为5年，要求各都道府县及各市町村制订符合当地实际情况的、具体的幼儿教育振兴行动计划，例如，整合教育与保育内容，充实教育环境，改善教员配置，减轻家长负担。该计划充实了日本“促进身心发达与学习接续”的幼儿教育，是促进日本学前教育的政策指南和行动纲领。③

国际组织高度关注全球学前教育的改革与发展。联合国教科文组织于2000年11月在法国巴黎举办了题为“为世界儿童建设和平与非暴力文化国际十年”

---

①② 王小英.国内外学前教育改革与发展趋势（第二版）[M].长春：东北师范大学出版社，2017：248-249.

③ 罗朝猛.日本举国振兴学前教育［J].上海教育，2011(1)：66-68.

大会，提出了“儿童早期价值观教育行动框架”，以提高世界各国对学前教育的认识。2010年9月，联合国教科文组织和俄罗斯联合举办了世界幼儿早期保育与教育大会，旨在通过提高成员国对幼儿早期保育和教育的投资及收益的关注，促进教育公平、普惠发展。联合国儿童基金会一直致力于推动全球学前教育事业的发展，在支持政府的有关政策、提供高质量学前教育、为边远农村地区和少数民族地区的儿童提供帮助、保护和关爱处境不利儿童、为涉及拐卖儿童的办案程序和行动提供技术支持、协助儿童获得各种服务等方面作出了许多贡献。经济合作与发展组织（OECD）关注世界发达国家的共同问题，在为成员国制定国内教育政策方面提供了信息和咨询支持，例如，如何面对当今学前教育的公平问题，如何确保学前教育质量，如何对学前教育实施公共投入。

资料 5-1

《国家中长期教育改革和发展规划纲要（2010—2020年）》

摘录

第二章　战略目标和战略主题

教育事业发展主要目标

指标	单位	2009年	2015年	2020年
学前教育				
幼儿在园人数	万人	2 658	3 400	4 000
学前一年毛入园率	%	74.0	85.0	95.0
学前两年毛入园率	%	65.0	70.0	80.0
学前三年毛入园率	%	50.9	60.0	70.0

第三章　学前教育

（五）基本普及学前教育。学前教育对幼儿身心健康、习惯养成、智力发展具有重要意义。遵循幼儿身心发展规律，坚持科学保教方法，保障幼儿快乐健康成长。积极发展学前教育，到2020

年，普及学前一年教育，基本普及学前两年教育，有条件的地区普及学前三年教育。重视0至3岁婴幼儿教育。

（六）明确政府职责。把发展学前教育纳入城镇、社会主义新农村建设规划。建立政府主导、社会参与、公办民办并举的办园体制。大力发展公办幼儿园，积极扶持民办幼儿园。加大政府投入，完善成本合理分担机制，对家庭经济困难幼儿入园给予补助。加强学前教育管理，规范办园行为。制定学前教育办园标准，建立幼儿园准入制度。完善幼儿园收费管理办法。严格执行幼儿教师资格标准，切实加强幼儿教师培养培训，提高幼儿教师队伍整体素质，依法落实幼儿教师地位和待遇。教育行政部门加强对学前教育的宏观指导和管理，相关部门履行各自职责，充分调动各方面力量发展学前教育。

（七）重点发展农村学前教育。努力提高农村学前教育普及程度。着力保证留守儿童入园。采取多种形式扩大农村学前教育资源，改扩建、新建幼儿园，充分利用中小学布局调整富余的校舍和教师举办幼儿园（班）。发挥乡镇中心幼儿园对村幼儿园的示范指导作用。支持贫困地区发展学前教育。

（四）重视幼儿园教师的素质

当今世界正处在一个大发展和大变革的时代，世界各国普遍认识到，优质的学前教育能够支持儿童当前乃至未来的学习与发展，教师队伍、学前教育质量及儿童发展成果之间有着密切联系，其中，教师是决定学前教育质量的关键因素，因此，高质量的学前教育教师队伍是提高学前教育质量的关键。

第一，明确幼儿园教师队伍建设的方向。我国在2018年1月发布的《中共中央　国务院关于全面深化新时代教师队伍建设改革的意见》提出了“兴国必先强师”的思想，明确了现阶段教师队伍建设的目标任务。2019年2月，新华网发表了一篇题为《打通新时代教师队伍建设改革“最先一公里”》的文章，综述了《中共中央　国务院关于全面深化新时代教师队伍建设改革的意见》颁布实施一周年以来我国教师队伍建设与改革的状况。经济合作与发展组织（OECD）教育团队在《强壮开端Ⅲ：儿童早期教育与保育质量工具箱》中有针对性地指出，要应对全球性的共同挑战，应实现各国高素质教师队伍的建设，包括提高早期教育与保育人员的资质，给员工提供持续的专业发展机会，为直接从事幼儿工作的员工提供专业化的培训课程。①

第二，重视提高幼儿园教师的学历水平。目前，在我国幼儿园教师中，本科、硕士学历的教师不断增多，止逐渐向高学历、专业化方向迈进。日本对幼儿园教师的学历要求更严格，基本学历在本科以上，有的幼儿园甚至要求教师达到硕士以上学历。美国对幼儿园教师的学历、专业化的要求日益提高。澳大利亚对幼儿园教师的学历要求基本达到大专以上学历。德国对幼儿园教师应具备的素质和技能有明确具体的规定。总之，世界各国均呈现出幼儿园教师逐渐高学历和专业化的趋势。

第三，注重培养幼儿园教师的核心素养。近年来，以儿童发展为本的学前教育核心理念已经成为世界各国的共识，这对幼儿园教师队伍的整体素质提出了要求和挑战，并将培养专任教师的核心素养作为职前教育和职后培训的重点。我国《幼儿园教师专业标准（试行）》提出幼儿为本、师德为先、能力为重、终身学习的基本理念，就是要求幼儿园教师在发现儿童中转变儿童观，在发现儿童学习的能动性中转变教学观，在发现学习资源中转变课程观，在体验工作中获得职业幸福感。通过培训教师，提高他们的核心素养。德国政府文教部通过的《关于幼儿教师培训和考试的框架协议》，对幼儿园教师的专业素质作出了具体详细的规定，例如，幼儿园教师要尊重并了解儿童，应具有计划、实施和评价教育教学的能力，还对教师的教学伦理、人格、个人能力、团队精神、交

① 经济合作与发展组织（OECD）教育团队.强壮开端Ⅲ：儿童早期教育与保育质量工具箱［M］.陈学锋，等译.北京：北京师范大学出版社，2015：144.

流能力等提出了较高的要求。

资料 5–2

《中共中央　国务院关于全面深化新时代教师队伍建设改革的意见》摘录

4.目标任务。经过 5 年左右努力，教师培养培训体系基本健全，职业发展通道比较畅通，事权人权财权相统一的教师管理体制普遍建立，待遇提升保障机制更加完善，教师职业吸引力明显增强。教师队伍规模、结构、素质能力基本满足各级各类教育发展需要。

到2035年，教师综合素质、专业化水平和创新能力大幅提升，培养造就数以百万计的骨干教师、数以十万计的卓越教师、数以万计的教育家型教师。教师管理体制机制科学高效，实现教师队伍治理体系和治理能力现代化。教师主动适应信息化、人工智能等新技术变革，积极有效开展教育教学。尊师重教蔚然成风，广大教师在岗位上有幸福感、事业上有成就感、社会上有荣誉感，教师成为让人羡慕的职业。

（五）重视环境育人的综合作用

系统论深刻影响着学前教育的发展，使人们将学前教育、儿童发展等问题置于更宏观的研究系统中，并不断研究这一系统的特征、功能以及运行原理。事实上，这是非常重要且有效的研究和实践思想。儿童的发展受到多种因素的影响，遗传素质提供了儿童身心发展的前提条件和物质基础，也决定了儿童的某些个别差异。环境为儿童的发展提供了多种可能，儿童心理发展的特点是在与人们的交往以及周围环境的相互作用中形成和发展的。教育可以充分利用环境中的有利因素，使儿童具备社会需要的品质和能力。儿童的发展并不是被动的，个体性实践活动是其发展状态的决定性因素。因此，学前教育并不能构成对儿童施加影响的全部，实施学前教育需要考虑遗传素质、环境、教育、实践活动等因素。

生态学研究和儿童发展研究促使人们从不同的维度去解释环境对于儿童教育的重要性，环境育人成了当今学前教育的重要理念和思想。为儿童提供有利于其发展的适宜的物理环境、健康的生活环境和科学的认知环境，是学前教育者的责任，是保证学前儿童身体健康发育、心理健康发展以及进行有效学习的前提，这已经成为世界各国学前教育的共识。

我国自古以来就重视环境教育，当今，更是把环境育人作为学前教育的重要内容。《幼儿园教育指导纲要（试行）》要求“幼儿园应为幼儿提供健康、丰富的生活和活动环境，满足他们多方面发展的需要，使他们在快乐的童年生活中获得有益于身心发展的经验”。《3—6岁儿童学习与发展指南》也强调要“创设丰富的教育环境，合理安排一日生活，最大限度地支持和满足幼儿通过直接感知、实际操作和亲身体验获取经验的需要”。这些要求不只是对学前儿童学习方式的理解和尊重，更是要充分发挥环境的育人功能。

从世界范围来看，各国的学前教育都在不同程度上强调环境的综合作用。例如，1999年7月，在瑞士召开的21世纪国际幼儿教育研讨会上制定了《全球幼儿教育大纲》，以纲领的形式从指导思想、目标和策略出发，提倡和呼吁应为儿童提供安全的环境及活动空间、积极向上进取的环境，对环境育人的内容有非常具体的解释，肯定了环境育人的价值。因此，为学前儿童创设适宜的物理环境和安全的心理环境，既要重视环境对学前儿童的熏染作用，又要强调环境对学前儿童的操作活动所给予的支持。

| 教育家介绍 |

中国学前教育理论与实践的开拓者——陈鹤琴[①]

陈鹤琴（1892—1982）是我国著名的儿童教育家和儿童心理学家，是我国学前教育和儿童心理研究的开拓者和奠基人，为我国儿童教育事业作出了重要贡献（图5–2）。

图5–2　陈鹤琴

重视科学实验。陈鹤琴主张中国的儿童教育要适合国情，符合儿童身心发展的规律，呼吁建立儿童教育师资培训体系。他实验研究幼稚园教育、教学、教材、设备，编写幼稚园课本及儿童课外读物，设计和推广玩教具和幼稚园设备。他以自己的长子陈一鸣为研究对象，最早运用观察实验的方法，系统研究我国儿童的心理发展。他撰写的《儿童心理之研究》《家庭教育》两本书被列入大学丛书。

创办幼教基地。1923年，陈鹤琴创办了南京鼓楼幼稚园，这是我国第一个幼教试验中心。他将该园作为东南大学教育科的幼教试验园地。鼓楼幼稚园的试验研究成果成为当时教育部制定《幼稚园课程标准》的基础。

创立"活教育"思想。陈鹤琴创立了"活教育"理论体系，这是他教育思想的精髓。"活教育"的目的就是"做人，做中国人，做现代中国人"；"活教育"的课程就是到大自然、大社会中寻找"活教材"；"活教育"的原则就是活动性原则、儿童主体性原则、教学法多样化原则、利用活教材原则、积极鼓励原则和教学相长的民主性原则等。

---

① 参见唐淑.学前教育史［M］.北京：人民教育出版社，2019：152-178.

提倡“五指活动”教育内容。陈鹤琴提倡“整个教学法”，认为“整个教学法，就是把儿童所应该学的东西整个地、有系统地去教儿童学”，包括健康活动、社会活动、科学活动、艺术活动和语文活动，各项活动围绕单元展开。

倡导“做中求进步”的教育方法。陈鹤琴指出，“活教育”方法论的基本原则就是“做中教，做中学，做中求进步”。他认为，“做”是学习的基础，也是“活教育”方法论的出发点，在强调做的同时，还强调思维的作用。他把“活教育”的教学过程分为实验观察、阅读参考、发表创作、批评研讨四个步骤。

陈鹤琴对如何做一名成功的教师有精辟的论述。他在《谁是成功的教师》一文中指出：我们需要一种量尺，一个教师可以用它来度量自己的成就，量出的结果就是他成功或失败的最好的标记。

二维码 5-2　自我检讨的评量方式

| 练习与反思 |

1. 分小组讨论学前教育的核心问题。

2. 阅读 1~2 本有关学前教育研究方法的书籍，并写学习笔记。

3. 收集并研读近五年有关学前教育的相关文献，尝试撰写文献综述。

4. 绘制以本篇内容为主题的思维导图，至少包含三级分支。

5. 填写以下反思内容：

关于本篇学习内容，我有如下问题：

对于上述问题，我尝试进行如下解答：

完成本篇内容的学习后，我有话要说：

我想就本周阅读过的书籍或文献谈谈自己的心得：

第六篇
诚心正意：调适幼儿园教师“自我”

> 教育者的个性、思想信念及其精神生活的财富，是一种能激发每个受教育者检点自己、反省自己和控制自己的力量。
>
> ——［苏联］苏霍姆林斯基《培养集体的方法》

| 学习导引 |

- 诚心正意：调适幼儿园教师“自我”
  - 规划——你会做职业生涯规划和学涯规划吗？
  - 调适——你对“自我”有相对清晰的评价并能作出积极调适吗？
  - 管理——你在习惯、休闲和时间方面有合理的管理吗？
  - 理解——你是如何看待并理解各种社会关系的？

一、学前教育专业学生的学习和职业生涯规划

（一）承担学习责任

一个人的成熟是从能够承担责任开始的，承担学习责任是大学生走向成熟的重要标志。大学四年的专业学习与浸润，是大学生步入职场、施展才干、服务社会的“热身”，所以，大学学习不仅要积累专业知识和获得专业技能，还

要储备充足的精神能量。学前教育专业学生需要有理性的思考和积极的践行，以厚养自己的精神阵地，这是大学生积极适应、明智选择、适时改变和得到成长的重要历程，这个历程需要承担一定的责任。

社会比较理论认为，使人感到愉快的因素有很多，人们体验幸福感也存在个别差异，但是，最有助于总体幸福的变量趋于一致，那就是爱和婚姻的存续、工作的满意度以及个人的主观感受。①这就是说，拥有良好人际关系的人，可能更容易体验幸福感；拥有工作成效的人，可能更容易体验幸福感；对客观环境拥有积极信念的人，可能更容易体验幸福感。从某种程度上说，人们对幸福的主观感受比客观因素更重要。

如果把学习活动看作一种工作，那么，作为一名在校大学生，首先需要思考的就是关于这种工作的责任。承担学习责任是大学生体验幸福感的重要源泉。大学生应当在大学学习中，不断调适自我，适应学习节奏，体验愉快情绪，获得一定程度的满足感，感受幸福。这种良性循环有助于大学生未来的职业生涯发展。

学前教育专业面对的教育、服务对象是具有特殊需求的学前儿童及其家长，这就不得不让学生认真思考、规划自己的人生，努力感受爱和亲密，同时承担各种责任，在使自己得到幸福的同时，也使他人感受愉快。学前教育专业学生要通过规划学涯进行选择，并为自己的选择承担责任，要积极关注和不断进行自我调控，从而通过学习获得幸福感；还应当主动理解身边人的需求，力所能及地予以关照，在人际互动中使他人体验幸福。

每一位学前教育专业学生都应明白，自己未来所从事的职业要对学前儿童负责，要对学前儿童的家长负责，要对同事负责，还要对自己以及家人负责，这个责任何其重大是不言而喻的。学前教育专业学生在日常的学习和生活中，可以从以下三个方面入手：第一，要明晰自己在学习中的专业角色，对专业角

---

①［美］理查德·S.沙夫.生涯发展与规划——人生的问题与选择［M］.周黎明，译.北京：中国人民大学出版社，2012：5-6.

色有一个准确的定位，对自己的学习不推卸、不越界。第二，要分析自己当下的学习需求，对自己的专业学习有一个明确的认识，为学习制订短期、中期和长期目标，使自己的学习不盲目、不迷失。第三，要学会平衡学习和生活的关系，主动利用学习、生活对生涯发展的不同价值，做到学习和生活不消极、不畏难。

（二）思考职业生涯问题

专业可以不同的方式影响人的职业生涯，因为人们在考虑职业时，一般会选择一个相应的专业，因此，可以把专业学习看作对职业生涯的具体而系统的培训。为了能够承担起应有的学习责任，学前教育专业学生必须思考关于生涯的一系列问题，从而从容应对未来可能面临的各种机遇和挑战。

美国生涯发展协会把生涯定义为“个人通过从事工作所创造出的一种有目的的、延续不断的生活模式”[①]。这个定义较为完整地解释了生涯的核心内涵和特征，对学前教育专业学生理解生涯具有指导意义。

第一，生涯是一个延续不断、终身发展的过程，不只是某件事情的完成或对某件事情的选择结果，也不是某个特定的工作或职业。人的发展要受到各种因素的综合影响，包括生理心理、社会文化、教育训练以及机遇机会等，这些因素必然会以各种复杂的方式作用于人的生涯，使生涯过程延续不断。第二，生涯是人们的主观愿望与可能性之间、现实与理想之间妥协和权衡的结果，一个人可能没有十全十美的生涯道路，但也许存在着相对适宜的生涯道路。第三，生涯对于个人是有意义的，是规划、慎重考虑、制定和执行的结果，因个人动机、抱负和目标不同而得以形成和发展，反映了个人的价值观和信念，具有强烈的个体差异。例如，人的气质、性格、兴趣、能力以及价值观等个性心理特征对生涯道路具有影响。第四，生涯是一种“生活模式”，它不仅是个人的职业或工作，还包括所有的成人生活角色及其行为方式，这些行为方式能为自己和他人

① ［美］罗伯特·里尔登，等. 职业生涯发展与规划（第4版）［M］. 侯志瑾，等译. 北京：中国人民大学出版社，2016：8.

创造有偿的或无偿的价值。①

个人一生在不同的时间里承担着不同的生活角色，每个生活角色的强度会随着时间的推移而相应变化，各种生活角色的强度及其结合就构成了每个人的生涯基础。生涯是一个主动建构的过程，从影响因素来看，家庭背景、机遇、同伴、婚姻状况、所受教育、生理特点、认知能力、天赋、个性、价值观等因素，对一个人的生涯选择和发展有着一定的影响。

1991年，加里·彼得森（Gary Peterson）等人提出了认知信息加工理论（Cognitive Information Processing，简称CIP），认为生涯发展是个体生涯问题解决和生涯决策的信息加工过程。CIP理论根据信息加工的基本流程构成了一个信息加工金字塔（图6-1）。②

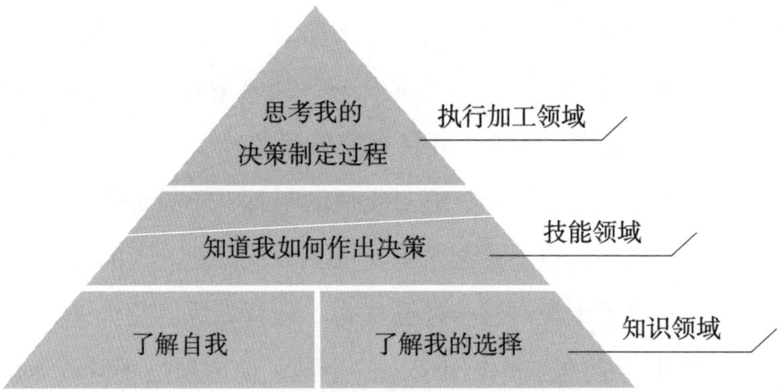

图6-1 生涯决策的信息加工金字塔模型

信息加工金字塔模型基于信息加工取向，提出了解决职业生涯问题的具体操作步骤，为学前教育专业学生解决职业生涯问题、进行职业生涯决策、提高职业生涯发展质量提供了简单而有效的方法，具有指导意义。金字塔的底部是知识领域，各种信息以图式的方式在此存储，这些图式使人们能对生涯中的相关信息进行处理和加工。例如，如果对自己所选择的学前教育专业有了较多的了解，就会萌发获得相关知识、训练相关技能和培养相关兴趣的意图；如果对

①② [美]罗伯特·里尔登，等.职业生涯发展与规划（第4版）[M].侯志瑾，等译.北京：中国人民大学出版社，2016：8-9，14-16.

自己的个性有相对适当的评价，就会产生主动调适个性以适应专业需要的意愿。金字塔的中部是决策制定技能领域，领域内的技能能够帮助人们制定决策。例如，一个具有职业生涯决策制定技能的学前教育专业学生，会有效地选取相应的学习内容并进行学习和训练。金字塔的顶部是执行加工领域，能帮助人们不断思考决策过程，及时控制和调整行为。例如，学前教育专业学生在学习过程中，为了达到既定的学习目标，制订出相应的学习计划，并在执行计划的过程中及时调整。

对于学生而言，职业生涯规划就是从踏入大学校门的那一刻开始，如果能够深刻理解职业生涯的实质，主动处理职业生涯问题，理智地作出职业生涯决策，并付出积极的努力，就能相对有效地控制自己的生涯发展历程。可以思考一下：你的专业知识与专业技能是否足够？你是否具备了有效获得专业知识的能力？你的大学学习目标是否明确？你是否能很好地调控自己的行为？如果你只是处于专业知识储备的基础阶段和能力发展的初级水平，你应从现在开始，利用大学四年的时间，思考职业生涯问题，进行职业生涯规划，并承担相应的学习责任。

（三）做职业生涯规划

1. 职业生涯规划与管理

每个人的职业生涯规划都与他人不同，都具有鲜明的个体特征，这样才是基于个人实际情况的、有指向的、相对可行的规划，因为有了个人职业生涯规划，就掌握了专业学习和发展的主动权。学前教育专业学生需要对自己未来四年，乃至十年、二十年的发展变化有一个相对合理的预期和规划，并从现在开始采取行动。

第一，学前教育专业学生需要对自己有一个适当的了解和认识，做到“知己”。老子曾说：“知人者智，自知者明；胜人者有力，自胜者强。”解决职业生涯问题和作出职业生涯决策最好从了解和认识自我开始，这是大学生管理自己职业生涯的关键。职业生涯规划的设计者和决策人就是自己，所以，需要跳出“我”，从“他”的角度看自己，才可能更加客观地认识自我，才能进行相对恰当的职业生涯规划，并最终为自己的职业生涯决策承担责任。

获得适当、完整的自我认识，需要从以下几个方面入手：

· 知道自己的背景。比如，经历、经验、兴趣等。

· 知道自己的价值观，尤其是关于工作的价值观。比如，希望自己工作的稳定性、社会地位、社会贡献、收入水平、完成方式等。

· 知道自己的个人特征。比如，气质特征、性格特点、能力水平等。

· 知道自己擅长或偏好的学习方式。比如，场独立型或场依存型、分析型或综合型等。

· 知道自己的生活方式。比如，休闲方式、人际交往方式等。

· 知道自己的人生目标和个人愿景。比如，理想、愿望等。

· 知道自己已有哪些可迁移的知识和技能。比如，专业知识储备情况、技能水平等。

· 知道自己的优势。比如，先天优势或后天优势等。

一个人想从自己的生活经历和构成他生活的各种事件中找到有关自己的有价值的信息，从而相对准确地认识和了解自己，建议采用职业生涯自传的方法。实际上，职业生涯自传就是用讲述自己人生故事的形式进行自我探索的认识过程，通常需要回答一些开放性的问题，这些问题的答案具有鲜明的个体特征。[①]这个练习能够帮助人了解并真正认识自己的人生经历，使人在回忆过往的过程中对自己有一个全新的认识。此外，巅峰经历描述也能帮助人得到一些关于个人人生经历的重要信息，在定义、描述和解释自己的巅峰经历的过程中，可能会对自己有一个更加清晰的认识。

二维码6-1　自我探索练习

① [美] 布莱德·哈林顿，等. 职业生涯规划与管理 [M]. 张星，张璐，译. 北京：机械工业出版社，2013：18.

第二，学前教育专业学生需要对当下所学的专业以及与之相对应的未来职业环境有所了解，做到“知彼”。现代社会环境纷繁复杂，各种信息以惊人的速度呈现和传播，高效地了解并选择对自己有用的信息至关重要。因此，学生要解决职业生涯问题和作出生涯决策，还需要对自己所在的专业领域、职业生涯以及相应的环境因素有所了解，这是学生管理自己职业生涯的基础信息，这些信息能使自己的职业生涯管理更有成效。

学前教育专业学生可以通过各种渠道获得信息，如网络、书籍等。但是，对于大学生而言，在校学习一定是获取有用信息的主要渠道，因为大学是较为理想的寻求信息的环境，它可以使学生更容易捕捉到帮助自己做职业生涯管理的有效信息，不至于被良莠不齐、真假难辨的无用信息甚至有害信息所困。例如，学生可以通过对各门专业课程的学习和实践，使自己清晰地获得与本专业相关的职业信息。

学前教育专业学生需要获取的职业信息主要有以下几个方面：

· 与未来职业相关的信息。比如，学前教育专业的发展趋势、学前教育专业对应的工作领域及所需的知识和技能、职业的社会需求、就业前景等。

· 专业实习、实训信息。比如，学校为学生提供了哪些专业实训场所、实习幼儿园等。

· 其他有关职业发展的活动信息。比如，有关职业规划和就业方向的讲座、活动等。

第三，学前教育专业学生需要依据所收集整理的资料，制定行动方案。解决职业生涯问题和作出生涯决策还需要不断地从自己所收集的信息中，挑选、确定对自己的专业发展和职业规划有用的信息，并把它们组织在一个系统中，同时还要兼顾自己的兴趣和能力。这是一个重要的环节，因为它直接影响职业生涯规划的合理程度。

人在做某种决定时，一般都会权衡各种相关的信息。例如，要去幼儿园见习，就需要了解学院和基地幼儿园对见习生的要求，需要提前准备哪些观察表，考虑用什么交通工具出行，与谁一同前往等。

学前教育专业学生想作出生涯决策，需要做好以下几个方面的工作：

· 选择对自己来说比较重要的信息。比如，与自己的兴趣、价值观、技能相一致的信息。

· 整合各类选定的信息。比如，将休闲信息插入其他信息中，并加以应用。

· 勾画出职业生涯规划的执行流程。比如，用流程图、时间网等形式标识各项任务，并详细地加以说明和解释。

· 邀请相关人员帮助自己修改、完善规划。比如，可以听取学院老师、幼儿园实践导师、高年级学生对自己的意见和建议。

第四，学前教育专业学生需要在职业生涯规划的引领下，尽早采取行动。要想使自己的职业生涯规划得以实现，必须付诸行动，并在行动中不断调整。执行职业生涯规划是一个持续的过程，职业生涯规划的执行者是自己，所以，自己要清晰地意识到规划是不是需要更新，何时需要收集新信息，是不是要继续推进，如何推进等。

在执行职业生涯规划时，利用良好的意志品质进行自我控制非常重要，这不仅能使自己适当摆脱不良情绪的困扰，减少懒惰、拖延行为，还能使自己更好地利用各种信息资源。例如，为了尽早获得幼儿园教师资格证，学生可能会利用更多休闲时间，提前自学；为了有充足的研究生备考时间，学生可能会提前做好准备，让自己顺利通过大学四级、六级英语考试，为研究生备考腾出时间。

学前教育专业学生要在以下几个方面作出努力：

· 有意识地扩充自己的新知识、新技能。比如，把已掌握的艺术技能持续地向幼儿园教育活动中迁移。

· 持续更新职业生涯规划。比如，尝试把新知识、新技能应用到自己的职业生涯规划中。

· 尽可能充分地利用各种人际资源。比如，虚心学习并主动借鉴他人的工作经验。

· 不要让完美主义思维影响自己执行职业生涯规划。过于追求规划的最优化或者有强烈的达成欲是不可取的，因为当某些因素使自己无法实现既定目标时，就可能产生明显的焦虑，甚至直接放弃努力。

· 不断评估、调整和推进自己的职业生涯规划，使它更有效、更具可操作性。不切实际的方案或不可能实现的计划，不但不能完成，还会使人的动机受挫、情绪消极，从而干扰甚至阻碍整体规划的实现，所以，对于此类规划应当果断删除。对于适合自己的规划，可以使用目标分解策略逐步推进。

2. 职业生涯储备与评估

对于大学生而言，职业生涯储备是从步入大学的那一刻开始的。大学期间的学习生活、知识经验、思想方式等，将是学生未来职业生涯可持续发展和获得成功的最有价值的“燃料”。如果不持续存续或不及时更新，会有“燃料”耗尽的危险。因此，评估自己职业生涯“燃料”的储备情况，并不断地更新、完善和有效利用它们，是一个非常明智的做法。

加拿大著名的职业生涯导师布赖恩·费瑟斯通豪有关职业生涯储备的论述，对于学生非常具有启发价值。他认为，人的职业生涯由三个重要阶段组成，每一阶段持续大约15年，这三个阶段紧密相关，上一个阶段可以为下一个阶段创造发展的机会。第一阶段是加添燃料，强势开局。这个阶段能为人的职业生涯打好基础，并养成良好的工作习惯。第二阶段是锚定甜蜜区，聚焦长板。这个阶段的首要目标是寻找自己的“甜蜜区”，最好的办法是专注于自己的长板，与能帮助自己弥补短板的人为伴。第三阶段是优化长尾，发挥持续影响力。这个阶段主要是完成继任任务、保持关联性，寻找一条稳定、可持续的职业道路。布赖恩·费瑟斯通豪认为，为了顺利推动职业生涯发展，人们需要储备三种基本形式的职场“燃料”，即可迁移技能、有意义的经验和持久的关系。①

第一，可迁移技能。它是人们在职业生涯中应有的各种基本能力，之所以

---

①［加］布赖恩·费瑟斯通豪. 远见——如何规划职业生涯3大阶段［M］. 苏健，译. 北京：北京联合出版公司，2017：17-23.

把这个“燃料”称为可迁移技能，是因为它不仅是人们从事当下工作必备的知识和技能，还是人们变换工作、转换职业能够依赖的能力和基础。例如，学前教育专业学生在四年的专业学习中，既有来自课堂的专业知识储备，又有来自合作实践基地积累下的工作经验，这为他们运用一定的原理解决实际问题提供了有效的方法，这些都将是他们顺利进入工作岗位，进行专业成长和职业发展的基础。学前教育专业学生可以从解决问题的能力、说服式沟通技巧、完成任务的能力、人才引力、帮助和求助的能力以及情商等方面评估自己在可迁移技能上的职业生涯储备是否充足。

第二，有意义的经验。它可以让人在职业生涯中因新经验的加入而积累越来越多的职业技能，这样就可以确保自己在职场中拥有更多的适应性和灵活度。可以想象，在一个相对固定的岗位上做着同样的工作，他的工作效率也许很高，但是，如果缺乏更多的知识和经验的加入，就可能出现“马力”不足的情形，甚至出现职业倦怠，这种职业生涯是很脆弱的。相反，如果他能不断进行新的尝试、新的努力，就会积累新的专业经验。例如：幼儿园教师积极学习和练习各种网络技术，利用一些信息技术平台录制幼儿园教育小视频，用网络直播的方式为家长宣讲科学育儿常识；他们还设计了许多有趣且具有教育意义的家庭小游戏，并拍成视频推送给家长。他们的这些做法既能丰富自我经验，又能体验到专业成就感。学前教育专业学生可以从灵活性、适应力、创新性、专业敏感度等方面评估自己在有意义经验上的职业生涯储备是否充足。

第三，持久的关系。持久的关系是职业生涯中最持久的“燃料”，包括职业生涯中的相关的品牌和人。这种关系会一直延续到未来的职业中并持续下去。学前教育专业学生在学习中渐渐发现，周围会不断出现与自己专业、职业有关的人，包括学业导师、幼儿园实践导师、同班同学，以及在教育见习、教育实习中遇到的儿童及其家长。这些关系组成了一个职业生态系统。这种持续拓展的关系系统能为自己以后的专业成长和职业发展提供支持。如果从一开始就忽略这个关系系统的建立、维持和巩固，可能是以后发展的损失，所以需要加以重视。学前教育专业学生可以从开放性、包容性、互助性、互动性、耐心等方面评估自己在持续关系上的职业生涯储备是否充足。

资料 6–1

利用在读的时间储备早期形式的职场燃料[①]

尽管我不认为大学这几年能带你按部就班地走向预先设定好的职位，但是毫无疑问，你可以打下基础，为今后能做出成功的职业生涯决策而做好准备。

其中的关键并不是你具体修了哪些课程，不是你平均绩点（GPA）的小数点后三位，也不是你加入过的组织，而是你为未来打下的基础。越高等的教育意味着越高昂的投资。好好利用这个美妙的机会，积累下列能力吧。

可迁移技能：作为一个正在学习的个体，你所选择的课程是否能提供未来用得上的关键技能，如解决问题、团队协作的能力以及求知欲等？

有意义的经验：你正在利用大学的时光探索那些对将来有益的东西吗？包括课外活动、领导力、旅行和实习机会？

持久的关系：你正在认识同学、老师、专家、导师及其他希望能在未来的10~20年里保持联系的人，并建立关系吗？

3. 职业能力培养与提高

大学生职业生涯规划的起始阶段是学涯规划，它是职业生涯发展的重要组成部分。学前教育专业学生要在理解职业生涯规划理论、掌握职业生涯规

① [加] 布赖恩·费瑟斯通豪. 远见——如何规划职业生涯3大阶段 [M]. 苏健，译. 北京：北京联合出版公司，2017：91-92.

律的基础上，合理规划自己四年的大学学业，这是职业能力培养与提高的基础。

第一，学前教育专业学生需要清楚地了解幼儿园教师专业发展的一般规律，明确自己的学涯发展方向。荷兰学者卡沙根（Korthagen）提出了关于教师专业发展的“洋葱模型”。他认为，教师的专业发展包括由外向内的六个基本层面：第一层为环境，指除教师自身以外的事物或要素，如幼儿园、班级、儿童以及家长等；第二层为行为，指教师的低效行为或有效的教学行为，如幼儿园教师的适宜性保教行为；第三层为能力，指教师采用积极的方式应对问题的素养，如幼儿园教师解决保教工作中实际问题的能力；第四层为教育信念，指教师的教育行为背后的信仰和理念，如幼儿园教师的教育观、儿童观等；第五层为专业认同，指教师对自己职业角色的看法，如幼儿园教师的职业效能感；第六层为职业使命，指促使教师从事教育工作的各种要素，如幼儿园教师对自己所从事职业的坚守（图6–2）。卡沙根认为，后三层是教师成长的核心品质，它们会影响教师其他专业素养的形成。[①]

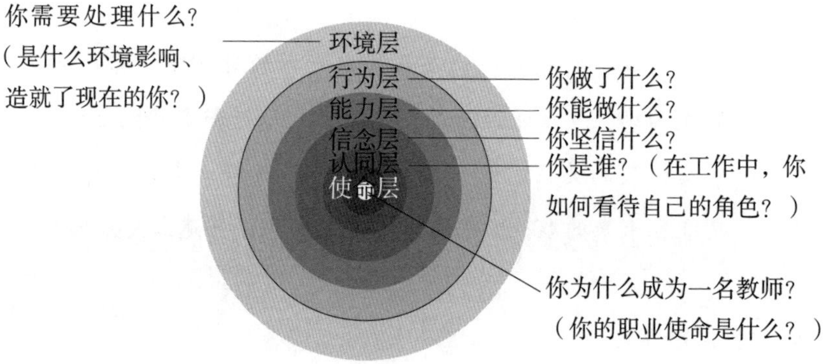

图6–2　教师专业发展的“洋葱模型”[②]

①② 姜勇.幼儿教师专业发展［M］.北京：高等教育出版社，2015：12-13.

学前教育专业学生在做自己四年的大学学习规划时，应当通盘考虑可能影响自己学涯发展的各种因素，把它们作为学涯规划的主题和主线。同时，在制订学涯规划的时候，应当把培养专业认同感、激发专业使命感和巩固教育信念作为自己专业学习的首要任务，这样能使自己在有效执行学涯规划的过程中，不断生发出基于学前教育专业情意的内动力，从而使自己的专业发展更具持续性。

第二，学前教育专业学生需要制订并执行一个切实可行的个人学涯规划，以积累自己的学涯发展成果。为了保证自己在不同阶段有丰富的、卓有成效的学涯体验，制订的学涯规划应目标明确，各阶段的要求应细致、可操作且具有衔接性，任务措施应适中且符合实际，内容要重点突出。此外，学生还应将树立教育信念、巩固专业认同、强化职业使命、熟悉幼儿园环境、培养适宜性教育教学行为和提高教育执业能力贯穿于自己学涯的全过程。

案例 6-1

大学四年学涯规划表

姓 名		规划期限		起止时间		年龄跨度	
个人分析							
环境分析							
职业分析							
总体目标							

续表

<table>
<tr><td>姓名</td><td></td><td>规划期限</td><td></td><td>起止时间</td><td></td><td>年龄跨度</td><td></td></tr>
<tr><td rowspan="10">阶段目标</td><td rowspan="2">第一阶段</td><td>时间</td><td colspan="5"></td></tr>
<tr><td>描述</td><td colspan="5"></td></tr>
<tr><td rowspan="2">第二阶段</td><td>时间</td><td colspan="5"></td></tr>
<tr><td>描述</td><td colspan="5"></td></tr>
<tr><td rowspan="2">第三阶段</td><td>时间</td><td colspan="5"></td></tr>
<tr><td>描述</td><td colspan="5"></td></tr>
<tr><td rowspan="2">第四阶段</td><td>时间</td><td colspan="5"></td></tr>
<tr><td>描述</td><td colspan="5"></td></tr>
<tr><td rowspan="2">……</td><td>……</td><td colspan="5"></td></tr>
<tr><td>……</td><td colspan="5"></td></tr>
<tr><td>实施方案</td><td colspan="7"></td></tr>
<tr><td>调整反馈</td><td colspan="7"></td></tr>
</table>

评述：对于学前教育专业学生而言，大学四年是他们进入学前教育专业领域的预备期，一个相对周密的学涯计划能使他们的学习活动有序、有度。上述学涯规划表包括个人、环境和职业等因素分析，使接下来的学涯发展总体目标更加明确，也使各阶段的目标分解更加精准。实施方案的设计是对各阶段目标的执行策略和具体方法，其内容是对各阶段目标的操作性描述。调整反馈是必要的，因为外在因素和个人因素的影响和作用，在执行过程中难免会有随机事件的发生。学生可以根据实际情况动态调整，保证总体目标的全面实现。

二、学前教育专业学生的“自我”

个体在生存和发展的过程中，随着社会化进程的不断推进，会扮演不同的社会角色。学前教育专业学生在当下是一名大学生、一名实习生、一名见习教师，在将来可能是一名幼儿园教师。尽管在学习和生活中，学生作为独立的个体而存在，但是，当拥有了专业和职业，他就不只是代表个体，因为社会赋予了他更多的角色和相应的责任，他需要学会扮演不同的社会角色以发展各种关系，而发展关系的基础是对自己有恰当的认知。

获得自我认知的有效方法是进行正确的自我评估，可以从自我意识入手，主动进行自我分析，为适应专业和职业奠定良好的心理基础。

（一）“我”的自我意识

自我意识是人格结构的重要组成部分，是一个多维度、多层次的复杂心理系统，表现为自我认识、自我体验和自我调节三种形式。

自我认识是自我意识的认知成分，包括个体对自己的需要、兴趣、知识能力、气质性格、情感意志、价值观、社会化水平以及职业形象等方面的看法和定位。自我认识反映了自我意识的发展水平，也是自我体验和自我调节的前提。[①]学前教育专业学生正处在青年期，自我认识已经发展到较高的水平，能够在充分认识自己的同时，更加了解自身以外的人和事。

自我体验是自我意识的情感成分，具体包括自尊心、自信心等。选择和利用怎样的参照系，在一定程度上决定着一个人的自我体验。学前教育专业学生可以将社会比较、他人的态度与行为、反射性评价以及自己的行为判断等标准作为参照，不断获得对自我的了解、认识和评价，使自己获得适当的自我体验和相对客观的自我意识。

自我调节是自我意识的意志成分。人们在逐渐获得自我意识的过程中，也

---

① 黄希庭，毕重增. 心理学（第二版）[M]. 上海：上海教育出版社，2020：87.

在不断地进行自我监督和自我控制等，以使自己更加适应环境，从而优化自己的自我意识。正是在这种循环往复的自我认知过程中，个体得以发展。由于遗传素质、生活环境、过往经历、教育等因素的影响，人的自我意识会表现出一定程度的增强或减弱，从而影响自我调节的过程和效果。因此，学前教育专业学生必须重视自我意识的调节作用，这是走向成熟的必要条件。

美国心理学家乔瑟夫和哈里的“乔哈里窗”提供了一个通过相互关系发现自我，并取得人格成长的重要线索。如图6-3所示，如果将自我设想为一面大窗户，这个窗户分为四个小窗户：A区域为自己和他人都了解的部分，属于“开放的自我”；B区域为自己不了解但他人了解的部分，属于“盲点的自我”；C区域为自己了解但他人不了解的部分，属于“隐藏的自我”；D区域为自己和他人都不了解的部分，属于“未知的自我”。随着“开放的自我”不断扩大，“盲点的自我”和“隐藏的自我”会逐渐变小，“未知的自我”会受到关注。这意味着个体对自我的认识逐渐全面、深刻，从而也能让他人了解和认识自己。[①]

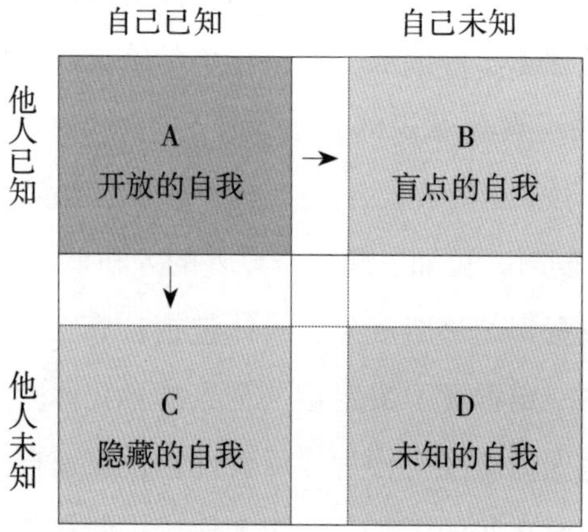

图6-3 “乔哈里窗”模型

这个模式启发我们可以在人际交往中，适当扩大“开放的自我”领域，以

① 参见黄天中. 生涯体验——生涯发展与规划（第3版）[M]. 北京：高等教育出版社，2015：212-213；杨宜音，张曙光. 社会心理学（第二版）[M]. 北京：首都经济贸易大学出版社，2015：143-144.

加深自我认知，培养健康心理。初入大学校门的学前教育专业学生由于身心发展日趋成熟，会有很强的自我关注，容易出现主观自我与客观自我之间、理想自我与现实自我之间的矛盾。面对这种情况，学生应当进行积极的自我肯定，在独立自主的基础上，努力保持自己与外界的沟通，从而使自我认识、自我体验和自我调节相协调。在现实生活中，可以从以下三个方面入手：一是努力拓宽自己的生活范围，不断增加生活阅历，积极参与社会活动；二是主动听取他人对自己的评价，培养自我评价的认同度，借助他人反观自己，做到扬长避短，取长补短；三是尊重自己，积极接纳自我，肯定自己的价值，放大优势，体验成功，充分感受价值感、愉快感和满足感。

（二）“我”的认知特征

美国心理学家弗拉维尔（J.H.Flavell）在20世纪70年代提出了元认知的概念，认为元认知就是个体对自我认知过程的认知，实质就是个体对自身认知活动的自我意识和自我控制。我国学者倾向于把元认知分为元认知知识、元认知体验和元认知监控三个方面。这一理论对于学前教育专业学生的学习具有指导性意义，应在学习中不断培养并提高自己的元认知能力，这样才能扬长避短，恰当行事。

学前教育专业学生应当具有一定的元认知知识，这是了解自己的认识活动、过程、结果以及与之相关的知识。它为学习活动提供了基础性的背景知识。例如，随着学业的不断展开，自己是否逐渐获得专业知识，以及运用这些知识解决问题。

学前教育专业学生应当拥有元认知体验，这是伴随着认知活动而产生的认知体验或情感体验，是学习活动的情感中介和内部动力。例如，学生可以有意识地在专业学习过程中，积极表达自己的感受和体验，以此激励自己的学习行为。

学前教育专业学生应当拥有元认知监控，这是对自己认知活动的监督和调节，能发挥监控器的作用。例如，学生可以根据自己的认知特点、专业知识特点和学习要求制订相应的行动计划，在执行过程中，还要根据实际情况及时调整策略，并采取相应的补救措施。

（三）“我”的情绪

个体在发展的过程中会有各种不同层次的需要，这些需要由于客观条件的限制和满足程度的不同而有所差异。如果个体的需要能得到一定的满足，就可能对客观环境持肯定的态度，个体通过对这种肯定态度的主观体验，会产生积极的情感反应，如高兴、愉快、兴奋、喜悦、赞叹等；如果个体的需要不能得到满足或满足程度较低，就可能对客观环境持否定的态度，个体通过对这种否定态度的主观体验，会产生消极的情感反应，如烦恼、愤怒、忧愁、蔑视等。这就是说，人的需要得到满足，就会产生积极情绪，反之则会产生消极情绪。学前教育专业学生应对自己的情绪有积极的自我认知和自我管理，这有利于自己今后的学习和发展。

首先，学前教育专业学生要清楚地了解情绪是什么、是如何产生的，这是正确应对各种情绪的认知基础。在情绪ABC理论中，A代表诱发性事件，B代表个人信念，C代表情绪及行为结果，在某个情绪事件中，A只是引发C的间接原因，个体对A的认知和评价而产生的信念B才是导致C的直接原因（图6–4）。学前教育专业学生应当审视自己的各种需要，同时根据客观环境适时调整自己的需要，使自己的需要与客观环境保持相对的平衡，这是营造良好学习环境的情绪背景。此外，学生还应当培养自己对待事物的积极而理性的观念，调整不切实际的认知和评价，减少在学习中的情绪困扰，使自己保持相对健康的情绪状态。

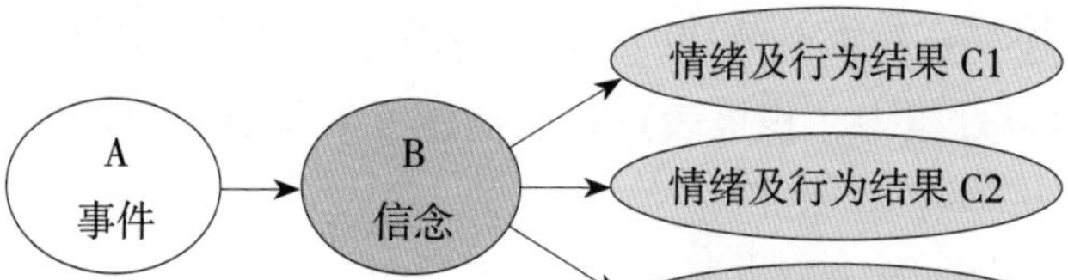

图6–4　情绪ABC理论模型

其次，学前教育专业学生要充分利用情绪情感的功能，这是管理情绪情感的有效通道。学生可以利用情绪情感的信号功能，表现适当的情绪行为和情绪唤醒，与他人适当表达和积极交流自己的情绪情感；同时，要学会通过各种微小的情绪情感信号，感受他人的需要，以达到人际间在思想和行为上的顺畅交流。学生可以利用情绪情感的动机功能，唤醒各种意志行为，并引导自己维持这种意志行动直至达到既定目标。学生可以利用情绪情感的调节功能，因为情绪情感是一种心理能量，它能影响人对于认识活动的积极性，进而影响人的专业学习活动。

最后，学前教育专业学生要知道情绪的基本形态，以营造良好的情绪背景。专业学习的过程是一个持续的、逐渐积累的过程，在这个过程中，可能会出现各种各样的情绪反应，学生可以从以下几方面做起：第一，应当有针对性地体验和解决一些情绪问题，这样才能使自己走得更稳、更长远；第二，要掌握关于消极情绪的调适方法，使自己经常处于良性情绪中；第三，要学会应对挫折的有效方法，使自己在出现学习、工作乃至生活困扰时不至于盲目无计。此外，还要让自己的各种高级情感相互交融并成为学习和工作的推动力，在体验道德感的过程中修养师德，在体验理智感的过程中沉淀学养，在体验实践感的过程中增长才干，在体验美感的过程中提升内涵。

（四）“我”的兴趣与工作价值观

兴趣是人们力求认识某种事物或从事某项活动的态度和倾向。兴趣具有以下作用：第一，兴趣具有驱动力作用，它是推动人进行各种活动的内在心理因素，如果人所从事的是自己喜欢和乐意做的事情，就会有愉悦体验，也容易从中获得较多的成就感和满足感；第二，兴趣具有开发作用，它促使人不断释放出更多的潜能，从而使人的感知更敏感、想象更丰富、思维更活跃，最终使能力得到提高；第三，兴趣具有指向作用，它能帮助人稳定情绪，集中注意力，明确思路，磨炼耐受力，从而实现目标。

学前教育专业学生应充分认识到，兴趣并不是与生俱来的，而是在后天的生活、学习中激发和培养出来的，也就是说，随着环境、经验等因素的变化，人的兴趣会随之变化。因此，激发和拓展兴趣最好的途径就是亲身体验。大学是积累人生体验的重要时期，如果学生能在大学学习中逐渐培养出稳定、积极的专业兴趣，就奠定了职业兴趣的基础。这种职业兴趣是学生从事工作的情感基础，将对其未来的职业活动起到推动作用。

为了培养工作兴趣，学前教育专业学生需要对自己的工作价值观作出评估和调整。工作价值观是人们衡量某种职业的优劣和重要性程度的心理尺度，是人们对待自己所从事职业的认知和信念。工作价值观的不同，反映出一个人事业心的强弱和人生处世哲学的差异。[①]心理学家马丁·卡茨认为，工作价值观可以帮助人们澄清从职业中获得的回报和满足，但职业不可能满足人的所有价值观，因此，必须区分价值观的优先次序，建立个体价值观体系，以保证各个重要价值观之间的相容与和谐。[②]学前教育专业学生应在分析评估、判断决策的基础上，澄清自己的工作价值观，逐渐形成一个和谐、稳定的价值观体系。

资料 6-2

SIGI价值观[③]

1. 社会贡献：几乎所有的工作都对社会运转有贡献，但是你希望你的工作主要致力于在整体上改善健康、教育或社会福利。

2. 高收入：你希望找到一个相对于其他职业的人有更高平均收入的职业。这个平均数是一半挣得更多、一半挣得更少的区分点。

3. 独立性：你希望在无严格监管，且无须每日听从工作指示的环境下工作。

4. 领导：你希望领导他人，告诉他们怎么做，组织他们一起

① 黄天中.生涯体验——生涯发展与规划（第3版）[M].北京：高等教育出版社，2015：236.

②③［美］罗伯特·里尔登，等.职业生涯发展与规划（第4版）[M].侯志瑾，等译.北京：中国人民大学出版社，2016：20-21.

完成工作，并为他们的表现负责，在出现错误的时候愿意承受责备。

5. 休闲：你希望工作时间短或假期长。工作之余的满意感对你来说十分重要，你不希望被工作所干扰。

6. 社会声望：你希望你的职业能使他人在社会事务中尊重你，倾听你的意见，寻求你的帮助。

7. 稳定性：你希望你的工作不因经济衰退、技术变革、政府开支或公众潮流的突然改变而变化，你想回避工资收入呈现季节性的高低起伏。

8. 多样性：你想要接触不同的活动和问题，不同的人，或工作地点——而不是一个固定的常规工作。如果工作一成不变，你会很容易厌倦。

（五）“我”的个性心理特征与专业形象

学前教育专业学生在未来就业时，面临的教育对象具有特殊性，这对学生的气质、性格等个性心理特征以及专业形象提出了一定的要求。学前教育专业学生应在四年的专业学习中，认清自己的气质特征，塑造自己的良好性格，提高自己的专业能力，使自己的专业形象逐渐符合职业要求。

第一，学前教育专业学生要对自己的气质类型及其特征有恰当的评估，使气质特征与未来的职业要求有相对较高的匹配度。现代心理学认为，气质是人的心理活动在强度、速度、稳定性、灵活性和指向性等方面的稳定的动力特征，是人的个性心理特征中关于活动动力的特征，它使人的全部心理表现染上色彩和风格，使人的全部心理活动都具有一种个人的独特性。特别应当注意的是，气质是人的解剖生理上稳定的心理特征，具有天赋性，也就是说，各种气质类型本身并无好坏之分，只有积极方面和消极方面之说。但是，学前教育专业对教师的气质类型却有着一定的要求，因为教师的不同气质表现，会以教育教学行为的方式对儿童产生潜移默化的影响。气质类型分为多血质、黏液质、胆汁质和抑郁质，其中，多血质类型表现为活泼、灵活、好交际，与学前教育工作要求匹配良好。学前教育专业学生要充分了解自己的气质特征，知道自己气质的积极方面和消极方面，有意识地培养自己的良好性格特征，以掩盖和抑制气质的消极方面，发展气质的积极方面；要在不断提高能力中，逐渐使气质的消极方面得到弥补，从而使自己的气质更加服从于学前教育实践要求。

第二，学前教育专业学生要主动改造和优化自己的性格特征，不断提高专业胜任力。性格是人在对现实的态度和行为方式中表现出的稳定的、习惯化的个性心理特征，是个性心理特征系统中具有核心意义的成分。性格是人与现实的相互交往中，在社会关系和教育影响下形成的，具有后天性和可塑性，也就是说，性格特征具有明显的价值取向，善良、勤劳、勇敢、自信、开朗等是良好的性格品质，冷酷、懒惰、怯懦、自卑、封闭等则是不良的性格品质。学前教育专业对幼儿园教师的性格特征有更高的要求，因为幼儿园教师的性格表现不仅会影响到他们对待儿童的态度和行为方式，还可能成为儿童的模仿榜样。学前教育提倡师幼之间的有效互动，要求幼儿园教师在情绪上是安定快乐的，在教学风格上是活泼的，在教学方法上是灵活多样的，对儿童应宽容、尊重、平等、仁爱，对教育工作应抱有积极乐观的态度。学前教育专业学生只有不断改造自己原有的性格品质，努力塑造良好的性格特征，才能适应学前教育专业活动。

第三，学前教育专业学生要塑造自己的专业形象。所谓专业形象，指“专业工作中面向公众所树立的印象，它可通过专业工作者的衣着打扮和言谈举止反映出基本的专业态度、技术与技能”[①]。专业形象是一个人的道德修养、知识结构、专业能力和外表形象的综合体现。良好的专业形象对于个人的人际交往和专业发展具有促进作用。良好专业形象的获得需要修炼，学前教育专业学生

---

① 侯莉敏，等. 幼儿教师专业指导丛书——幼儿教育基本理念与教师行为规范［M］. 北京：教育科学出版社，2013：195.

要在四年的专业实践中，应以儿童认知与发展、观察与评价课程内容为起点，学习开展幼儿园一日生活保育工作并支持儿童的游戏活动，以课程与教学理论知识为基石设计和实施幼儿园教育活动，以绘画手工技能为工具开展幼儿园环境创设，以敏锐的视角观察儿童的言行并进行经常的、积极的专业反思。同时，还要通过艺术课程的学习与训练，使自己在逐渐获得艺术素养的过程中，拥有端正挺拔的身姿、暖意融融的眼神、亲切自然的微笑、准确亲和的语言，并让这种专业形象体现在幼儿园保教工作中。学生要牢牢抓住四年的专业学习与实践，明确塑造专业形象的方向和内容，强化良好的行为习惯，不断获得与专业形象相契合的专业能力，努力把自己塑造为师德高尚、专业形象良好、学识和经验丰富的幼儿园教师。

二维码6–2　幼儿教师之美

三、学前教育专业学生的生活管理

（一）习惯管理

生活管理始于良好的习惯。习惯是人经过反复练习逐步养成的不需要意志努力和监督的自动化行为模式。习惯对人的健康、活动效率乃至个人成长都会产生影响，良好的习惯会让人受益终生，不良的习惯则容易让人拖延、堕落等。习惯具有自动化特征，人的某种习惯一旦形成，在进入某种特定的场合，就会自动地、下意识地表现出某些行为，这是由于反复练习而在头脑中建立起了多重动力定型。习惯还具有可塑性，当人们意识到自己有某些不良习惯时，可以通过自我调整和控制来克服不良习惯。

良好习惯的养成要遵循习惯形成的规律。依据行为矫正原理，首先，要审视和分析自己已有的惯常行为，这样就找到了需要改变的不良习惯；其次，要分析出维持这些不良习惯的强化物，也就是说，要很清楚自己目前的不良习惯是满足了自己的什么需求，这样就可以通过撤除强化物的方式，逐渐改掉这些不良习惯；最后，要找出目前不良习惯的情境诱导因素，如某些地点、时间、情绪状态、人物以及相邻动作等，这样就可以用回避、转移注意等方式，避免引发这些习惯行为的发生。行为矫正学中的行为塑造技术对于培养良好的习惯具有积极作用，学生需要制订一个相对完整的行动计划，有意识地加强训练。

学前教育专业学生在四年的大学学习中，要积极培养良好的学习习惯、行为习惯和生活习惯；要在思想上更加自律，在行动上更加高效，在情感上更加积极，这样才可能养成良好的习惯，从而为自己的专业发展奠定基础。

（二）休闲管理

生活管理得益于有质量的休闲。人的生命过程除了学习、工作，还包括休闲，从某种程度上说，休闲是人生命过程的养分和催化剂。有学者把休闲定义为由自己决定的根据可随意支配的收入、时间和社会行为，而开展的现实可行的活动。这些活动可以是身体的、智力的、自愿的、创造性的，或是以上四种的结合。①

休闲是人生的重要组成部分，它具有促进身体健康、缩短人际距离、缓解学习压力、激发创造力、促进自我实现等功能，需要我们把它作为生活管理的重要内容。因此，学前教育专业学生应正确看待和处理休闲问题，对自己的休闲时间有良好的管理，这样才可能从休闲中受益，为学习和工作助力。

休闲活动是在除去学习和工作以外、履行完社会职责后的剩余时间里，由个人支配的活动，是以个人内心满足为主的活动。人在处于休闲状态时，心情是愉悦、平和、无压力的。学前教育专业学生的休闲活动要与个人的实际条件

---

① 佟岩. 生涯视域中的思想政治教育研究［M］. 沈阳：辽宁大学出版社，2014: 25.

相适应，这是做好休闲管理的关键。为了获得有质量的休闲，要在进行某项休闲活动之前，做好必要的准备和安排。例如：要做好时间安排，不要让休闲活动影响学习，也不要因学习降低了休闲活动的愉悦感；要做好经费预算，不提倡超出在校学生承受能力的休闲消费；要与家人及同伴做必要的沟通，这是出于安全、协调等因素的考虑。

（三）时间管理

时间是人类最重要的资源，需要我们有效的利用和管理。时间具有以下特征：时间是供给无弹性的，它在任何情况下、任何人面前都不会增加、减少或延续；时间是无法存续的，无论你是否愿意，都不可能像存储财务、知识、技术那样去积累时间；时间是不能被代替的，它是任何活动都不能或缺的基本资源；时间是无法失而复得的，一旦流失，就永远失去。

时间的以上特征告诉我们，对于每个人来说，时间是有限的和公平的。但是，时间是可以被管理的，由于人们对时间的管理各有不同，造成了不同的人在发展成果、生命表现上的极大差异。这就提醒我们，如果能充分利用时间，减少拖延，就能有效地提高学习、工作和生活的效率。

学前教育专业学生要为不同类型的活动合理分配时间。学习活动是未来一生生活的准备活动，必须投入足够的时间储备足够的生活能量。休闲活动是调节身心的活动，在学习活动之余填充休闲活动，是为学习活动注入润滑剂。家庭活动是人的生命力量的来源，要为家人留出一定的时间，不能因为其他活动而忽略了与父母和其他家人的互动。

学前教育专业学生要为不同重要程度的活动合理分配时间。时间管理理论认为，时间管理的目的是提高时间资源的使用效率，用最少的时间做最多的事，从这个意义上说，时间管理的实质就是对自己行为的管理，因此，需要有一个明确的时间规划。首先，要确定一个系统、完整、清晰、可实现的大目标；其次，要将大目标分解为若干个具体的、可操作的、能测量的子目标；最后，要为各级目标合理分配不同的时间周期。在设定总目标、子目标、分配时间的时候，需要充分考虑事情的重要性和紧迫性，比如，越靠近核心目标，其重要性程度越高。结合事情的重要性和紧迫性，按轻重缓急分类：将重要且紧迫的事情定为一级优先，并将它们尽量做好，尽快完成；将重要但不紧迫的事情定为二级优先，并将它们有计划地按时完成，防止因推延使它们升级为一级优先，以减少活动压力；将不重要但紧迫的事情定为三级优先，用分派、授权、他人代办等方式完成，减少总体活动容量；将不重要且不紧迫的事情定为四级优先，可以采用降低标准、分散安排或放弃等办法，不要让它占用过多时间（图6–5）。

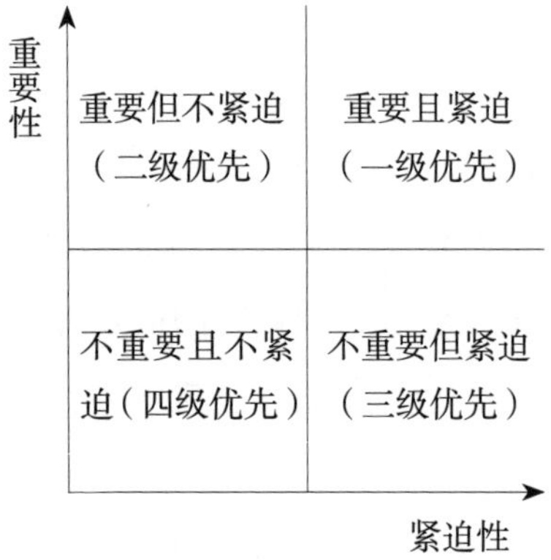

图6–5　时间管理决策象限

做事拖延是大学生中较为普遍的现象，学前教育专业学生需要注意并予以克服。最有助于避免拖延的做法就是做好时间规划，立即行动起来。在执行规划的过程中，要让自己尽可能保持积极的态度，严格而灵活地执行计划。此外，学生还可以利用教室、图书馆等学习场所，有效利用网络资源和学习工具，有条不紊地落实各项学习任务，最终完成规划。

二维码6–3　让一天不止24小时

四、学前教育专业学生的关系理解

社会化是人一生都要经历的过程，在这个过程中，人们逐渐建立起各种人际关系，进行人际交往，调节情感，内化行为规范，学会扮演不同的人生角色。学前教育专业学生正处在社会化进程的重要时期，应当从现在开始逐步学会不同社会角色所具有的行为方式，恰当处理各种社会关系。较好的社会关系理解，能帮助学生在不同的发展阶段顺利地定位和转换社会角色。

（一）亲子关系理解：家庭教育的支持者

奥地利著名的精神分析学家阿德勒（A.Adler）认为，对于儿童的早期人格成长，可以通过培养尽量多的有心理学基础的教师，让他们知道应该怎样对待儿童，以弥补儿童所受的伤害，或让儿童少受伤害，从而使他们与社会发生联结。[①]这一观点至今对我们仍有巨大的提醒作用。作为未来的学前教育工作者，学前教育专业学生应当认识到，家长不一定是教育领域的人士，但你有责任帮助家长获得尽可能多的学前教育专业思想和专业行为，因为家园合作、形成教育合力是提高学前教育质量的重要环节之一。做好这项工作的前提，就是认可学前教育理念和儿童发展规律。因此，学生在今后要学会承担的社会角色，就是家庭教育的支持者。

家庭系统观点告诉我们，家庭是一个复杂的互动社会系统，各个系统之间发生着双向调节作用，任何一个子系统的变化都会对其他子系统发生影响。每一个家庭系统中都有特定的亲子关系模式。良好的亲子关系对于学前儿童的早期成长起到至关重要的作用。学前教育专业学生应当理解亲子关系的要素及其作用机制，为支持家庭教育积累必要的知识。

1. 认同亲子依恋理念

亲子依恋是学前儿童对他的第一养育者表现出的一定程度的依赖，它来源

---

①［奥］阿尔弗雷德·阿德勒. 自卑与超越［M］. 吴杰，郭本禹，译. 北京：中国人民大学出版社，2013.

于长期养护关系使儿童获得身体和心理上的安全感。儿童一出生，首先接触的就是父母，他们对儿童的健康成长意义重大。儿童在与父母的朝夕相处中，生存需求、安全需求和爱的需求得以满足。这种温暖的关系使儿童更安全，更踏实，更愿意探究世界；父母对孩子表现出的持续性关怀、温暖、支持和鼓励，使儿童逐渐获得积极稳定的情感，形成了对父母的依恋；父母养育、照料儿童，还能使儿童理解他人的关心、同情和体贴。因此，稳定、适度的亲子依恋能使儿童获得安全感，这是他们生命能量的源泉。

学前教育专业学生应当认同这种亲子依恋理念，并意识到在不久的将来，自己将要担负一项重要的责任，就是要让家长明了亲子依恋对于儿童发展的意义，指导家长尽可能满足孩子的依恋需求，要使孩子对父母既不过度依恋，也不疏离冷漠，建立起亲子间正常的安全型依恋。

2. 理解亲子关系中的成人角色

传统观点往往强调母亲在亲子关系中的重要作用，认为母亲是学前儿童个性形成的关键因素。但是，随着家庭教育理念的更新和发展，人们逐渐认识到父亲在学前儿童个性形成中的作用。事实上，对于儿童的早期发展来说，父亲和母亲都是不可或缺的，这是源于父亲角色和母亲角色为儿童提供的刺激类型差异。母亲是儿童的生理和心理需求的直接满足者，是儿童联系世界的中间人，是儿童行为反应的强化者，这就决定了母亲的重要地位。随着年龄的增长，学前儿童会不断出现更丰富、多层级的需要，这样，父亲便发挥出与母亲同等的，甚至更多的角色作用，他们各自具有的个性特征共同影响、感染着学前儿童，儿童正是在父母的共同照料和陪伴中实现了早期社会性发展。

学前教育专业学生是未来的家庭教育支持者，应当理解亲子关系对于学前儿童社会性发展的重要意义，认可亲子关系是学前儿童以后顺利建立与他人相互关系的基础。此外，我们要有意识地向家长传递关于教育知识的信息，比如，父母的人际交往方式、观念对学前儿童社会性行为和道德品质的影响，父母的角色定位对学前儿童人格发展的影响等。

3. 认识亲子交往作用机制

亲子交往作用机制是学前儿童与他们的主要抚养人之间的相互作用方式，主要表现在父母的教养态度和亲子交往方式上。模仿是亲子交往作用机制的主要途径之一，父母的表情、动作、态度、行为等会以示范的形式，在有意或无意间作用于学前儿童，父母的榜样行为对于亲子交往至关重要。强化是亲子交往作用机制的又一途径，是父母对儿童表现出的、具有不同价值取向的行为给予的即时性反馈，主要利用权力控制、撤除关爱、引导等形式对儿童的行为产生影响。在儿童的成长中，这种作用机制较为常见和有效。

作为未来的家庭教育支持者，学前教育专业学生应当对亲子交往作用机制有相对深入的理解，要明了其利弊，并努力培养自己科学的亲子交往意识，在未来的教育工作中，要将这些理念传递给家长。例如，权力控制法和撤除关爱法可能对儿童的行为有短期的明显效果，但长期效果并不理想，因为它们不利于儿童行为规范的内化且可能伤害儿童的情感，进而影响其自尊心和自信心。引导法是以信息内化的方式作用于儿童，使儿童注意行为标准，理解行为规范的含义和社会价值，实现儿童的行为自律。

4. 理解适宜的儿童教养方式

不同父母对于儿童的教养方式有所差异，不同的教养方式对学前儿童心理发展的影响不同。依据父母对儿童行为的控制程度和情感态度，可以将教养方式分为民主型、专制型、放纵型和忽视型四种类型。由于教养方式的不同，可能导致儿童早期生活体验的差异，从而影响他们未来的发展。民主型教养方式中的父母不迁就儿童的不合理需要，能充分满足儿童的合理需要，是一种行为上高控制、情感上高接纳的教养方式；专制型教养方式中的父母对儿童的各种需要持拒绝、否定的态度，是一种行为上高控制、情感上低接纳的教养方式；放纵型教养方式中的父母对儿童的所有需要不加区分地予以肯定和满足，是一种行为上低控制、情感上高接纳的教养方式；忽视型教养方式中的父母对儿童的各种需要持冷漠或不予理睬的消极态度，是一种行为上低控制、情感上低接纳的教养方式。因此，我们提倡民主型教养方式。

学前教育专业学生要理解教养方式对于儿童的重要意义，研究不同教养方式的利与弊，并有责任在将来帮助家长实践适宜的儿童教养方式，也为自己成为未来的父母做好教育思想和教育技能上的准备。学前教育专业学生可以利用实习机会向家长宣讲父母在亲子关系中的任务，让他们认识到自己的气质、性格、兴趣爱好、受教育水平、婚姻关系对孩子的影响。

（二）学前儿童同伴关系理解：同伴交往的促进者

1. 理解学前儿童同伴关系的价值

学前儿童真正意义上的同伴关系的建立，是在他们进入幼儿园的那一刻开始的。在幼儿园的一日活动中，通过同伴交往，学前儿童体验到了新的人际关系。不同于儿童与成人的交往，儿童间的同伴交往是一种相对平等的交往，在这种相对平等的关系中，儿童学会了合作，学会了保护自己，还学会了准确表达自己的意愿，这些社交技能和社交体验，能够促进儿童形成良好的社会性行为。同伴交往更容易让儿童体验轻松、愉快，减少焦虑、紧张。儿童在同伴交往中基于自己的已有经验展开想象，操作材料，表达想法，不断学习和探究，体验并收获成功，这有利于他们发展认知能力。在与其他儿童的交往中，儿童像镜子一样互为参照，他们会相互模仿、提醒和了解自己行为的对错，这使他们能更好地认识自己、调整自己，有利于他们发展自我意识。

作为同伴交往的促进者，学前教育专业学生必须深刻理解同伴关系对于儿童的重要价值，有了这个思想基础，才可能在日后的实践中有意识地创造条件，并充分发挥儿童同伴关系的作用。所以，我们应不限制、不干涉儿童间的正常交往，为儿童创造条件、创设环境，让他们在良性的同伴关系中，丰富交往经验，体验情绪情感，促进社会性发展。

2. 掌握学前儿童同伴交往的作用机制

有研究者利用同伴提名法对学前儿童在同伴交往中的整体人际交往状况、结构和个体地位作出分析，提出了儿童同伴交往的五种社交类型，即受欢迎型、被拒绝型、被忽视型、一般型和矛盾型，并结合其他研究方法对各类儿童所具有的特征进行了讨论。研究结果显示，受欢迎型儿童正提名很多而负提名较少，被拒绝型儿童正提名较少而负提名很多，被忽视型儿童正提名和负提名均很少，矛盾型儿童正提名和负提名均较多。[①]根据同伴交往的不同类型，能较准确地反映出学前儿童的同伴交往情况，再结合其他测查指标，即可以分析影响儿童同伴交往的可能因素。

学前教育专业学生应当在专业学习中不断理解和领会关于儿童同伴关系的理论知识，用理论武装自己的头脑，并在实践活动中承担教师的责任，观察、分析和关照儿童的同伴交往及其需求，灵活利用儿童自身的特点和优势，帮助他们不断积累早期同伴交往的经验，促进儿童的同伴交往。

二维码6-4　与其他幼儿建立关系

（三）师幼关系理解：幼儿园活动的引导者

师幼关系是指教师和幼儿在教育教学活动中，通过相互认知和情感互动而形成的一种人际关系。良好的师幼关系是顺利开展教学活动的重要保障，有利于促进幼儿的全面发展。建立良好师幼关系的前提是教师需要明确自身的角色和定位。

1. 认可以儿童为中心的教师观

教师观是教师对自己在教育教学活动过程中的地位、权利和责任的认识。传统的教师观往往把教师置于教育教学过程的主导地位。这种观念对于学前儿童而言是很不合适的，因为学前儿童的学习方式和特点与其他学段的学习者不同。幼儿园教师应以儿童为中心，做儿童学习与发展的合作者、帮助者和支持

① 庞丽娟. 同伴提名法与幼儿同伴交往研究［J］. 心理发展与教育，1994（1）：18-21.

者。学前教育专业学生在专业学习中，应深刻领会并尊重儿童的学习方式和特点，明确自身定位，不断反省自我：在师幼互动中，是以儿童为中心，还是以自我为中心？在教育活动中，是参与者和引导者，还是权威的领导者？

2. 在师幼互动中发挥支架作用

在师幼互动中，教师的支架作用主要体现在教师需要认可和接纳儿童的想法和意见，并据此展开讨论，帮助儿童发展思维能力。除此之外，教师还可以通过搭建支架的方式给予儿童支持和引导，比如，用创设情境的方式提出问题，引发儿童进一步探索和思考，帮助儿童跨越发展区，从一个水平发展到另一个更高的水平。

案例 6–2

情景1

在小班语言活动“小白兔回家”的延伸部分，吴老师用亲切的语调对孩子们说：“小白兔，挎上你们的小篮子，继续到外面去采蘑菇吧！”随着音乐响起，孩子们兴奋地跑出活动室。可是，刚出了活动室，吴老师和她的同事就立即收走了“小白兔”的小篮子，要求他们赶紧去喝水、上厕所。一群“小白兔”一脸疑惑地看着被老师收走的小篮子，有的快要急哭了，有的则嚷嚷着还要采蘑菇。

情景2

赵老师接到了上公开课的任务。这几天，她已经把原创活动在自己带的班上演练了三次。在上公开课的前一天，她认真地对孩子们说：“明天是上公开课的日子，小朋友们一定要好好跟老师配合，不能掉链子！当老师提问的时候，小朋友们一定要举手，要是答错了，你们小心点儿！”然而，在第二天的公开课上，并没有几个小朋友举手回答问题。赵老师很生气，也很不解，不知道孩子们为什么不和她好好“配合”。

评述：这两位教师为了维护自己的领导者地位，把虚伪的、不真实的、不可靠的印象留给了天真无邪的儿童，这种不当行为应当坚决摒弃。实际上，教师并不需要在儿童面前刻意展现自己的完美，更不应该成为儿童成长中的不良示范。例如，在幼儿园中，常常会出现儿童向教师提问的情况，如果儿童提出一些教师不能解答的问题时，教师大可不必掩饰或回避，而应坦然承认自己的不足，并以此为契机，鼓励儿童和自己一起探究真相，这是对儿童良好人格的感染。如果教师还能真心赞扬儿童的好奇心和求知欲，这更值得提倡。

（四）工作关系理解：教师团队的合作者

工作关系是幼儿园人际生态的重要组成部分，它的基本要素是教师团队，团队成员之间的合作程度影响幼儿园教师的工作成效。有学者提出，建构自然合作的校园文化是促进教师专业发展的理想方式，教师之间应当建立起一种开放、信赖和支援性的同事关系。[①]学前教育专业学生必须理解幼儿园教师工作的系统性，争取在求学期间体验合作与分工，在追求工作成效的过程中培养自己的团队合作能力。

1. 发挥教师合作的心理支持作用

教师合作的组织形式有指向教育教学活动的教研组、指向教学改革的研究团队、指向教师专业发展的学习共同体，这些不同功能的协作团队能使每一位教师获得来自同事的心理支持，从而不断汲取工作能量。同时，由于是教师成员间为同一个目标而建立的协作关系，每一位成员的工作压力会相对减轻，但工作成效相对提高，甚至可能产生“1+1＞2”的合力效应。

---

① 马玉宾，熊梅. 教师文化的变革与教师合作文化的重建［J］. 东北师大学报（哲学社会科学版），2007（4）：148-154.

学前教育专业学生虽然处在求学期间，但是一定要深刻领会和认同教师团队合作的价值，积极参与各种形式的合作学习，体验和感受同伴合作完成工作所带来的自我价值感、信任感和集体荣誉感，使自己不断获得来自同伴的心理支持。

2. 感受教师合作中的专业成长

为了达到理想的工作成效，幼儿园的工作往往需要教师联合起来，以团队形式开展。教师间的协作可能为烦琐的日常工作和教学环境增加挑战性和新鲜感，使教师的工作动机增强，持续学习和主动探究的意识逐渐提高，工作能力得到发展，这有利于教师的专业成长。

学前教育专业学生应利用各种机会主动探究知识，积极开展教育技能训练，及时和同学分享收获和经验，同时借鉴同学的有益经验。通过合作，学生会体验到追求新知识的快乐、有效沟通的满足和获得成功的喜悦，这不仅能激发和保持自己对学前教育专业的兴趣，还能使自己对未来的工作充满自信和向往。

案例 6-3

一次有效的小组合作学习体验

在课程进行的中期，担任学前儿童观察与评价课程主讲的李老师在雨课堂智慧教学平台上发布了一项学习任务，要求同学们以小组合作的形式，对自己前12周的学习质量进行自我检查，并于接下来的一周在课堂上与大家分享。李老师发布的作业如下：

作业主题：学业自检汇报。

目标：系统梳理、概括和分享前期知识。

行动：以小组为单位，认领汇报主题，开展自检。

方法：知识复习；文献研读；小组合作。

评价：

第一，能系统梳理和概括前期知识。

第二，能准确表述和讲解相关知识。

第三，有充分的小组合作学习过程。

第四，PPT设计和制作精致、有质量。

要求：

第一，以小组为单位提交小组学习成果，形式为《关于×××的阐述与分析》的文本及PPT。

第二，以小组为单位进行课堂分享，时间控制在8分钟以内。

第三，PPT首页要素包含汇报主题、组别、成员及分工、汇报人、时间。

在课堂上，有的小组派代表分享他们的自检成果，有的小组以围谈的形式展现他们的收获和思考。在分享即将结束的时候，李老师作了总结性发言，她充分肯定了同学们自觉、主动、积极的学习态度和合作、有序、严谨的学习品质，也指出了一些需要进一步改进的地方，并对同学们的小组合作学习提出了更高的要求，还及时纠正了一些知识性错误，自检活动顺利完成。针对自检中反映出的相关资料不够的问题，李老师及时向同学们介绍了有关文献检索、文献综述的方法和技术。课程结束后，李老师又给同学们推送了一些具有范本作用的文献综述类研究论文，受到了同学们的欢迎。

评述：有学者认为，“作为教师，同事交往是其个人交往的重要组成部分，而工作业务上的交往又构成同事交往的主要内容。同事交往对教师成长的意义在于：同事是业务问题上的知音，只有同事之间才具有真正专业上的话语空间；同事是教师的监察者，他们最清楚也最了解我们的短长，也最了解我们教学中的问题；同事是朋友，不论合作程度怎样，你都可以从他们身上学到对你的成长有价值的东西"[①]。这些观点同样适用于大学生的小组合作学习。在这个案例中，由于李老师为学前教育专业学生提供了小组合作学习的机会，并提出了明确的小组合作要求及相应的评价要点，使学生可以在学业自检活动中充分开展成员独检、对检和群检，并将学习成果作出分享。由于有着共同的活动愿景，学生真正感受了团队合作的作用和价值，团队合作的兴趣和热情被极大地调动起来，团队合作也必将成为学生未来工作的主要形式。因此，良好的小组合作学习体验可能是学生日后开展同事交往的雏形，它将成为建立团队合作关系的起点。

| 教育家介绍 |

我国男大学生当幼儿园教师的第一人——张宗麟[②]

张宗麟（1899—1976）是我国著名的幼儿教育家，也是我国幼教史上男大学生当幼儿园教师的第一人。他致力于中国化幼稚园教育和乡村幼教问题的探索，在幼稚园课程、幼稚园社会教育等方面作出了重要贡献（图6–6）。他的主要著作有《教育概论》《幼稚园的社会》《给小朋友的信》《乡村教育经验谈》《乡村小学教材研究》《幼稚园的演变史》等，他的思想观点至今对学前教育者具有启发意义。

图6–6　张宗麟

关于幼稚教育的意义。张宗麟认为，幼稚园是家庭托付儿童

① 王映学，赵兴奎. 教学反思：概念、意义及其途径［J］. 教育理论与实践，2006(3)：53-56.

② 参见唐淑. 学前教育史［M］. 北京：人民教育出版社，2019：179-184；唐淑. 学前教育思想史［M］. 北京：人民教育出版社，2018：188-198.

的第一场所，如果幼稚教育能为儿童提供良好的保育和教育，就为他们的健康成长奠定了基础。幼稚教育对人生、对社会和国家具有重要意义，是一切教育的基础。他说："各种儿童教育之发达，以幼稚教育为最迟，各种教育之收效，以幼稚教育为最难；髫龄稚子，能力薄弱，充其量而为之，不足当成人之一睐；于是社会上对于各种教育之轻视，亦以幼稚教育为最甚。然而静心默思，幼稚教育之重要，实为惊人。"①

关于幼稚园课程。张宗麟认为，幼稚园课程就是儿童在幼儿园的一切活动。他强调以儿童的生活为中心、以儿童主体性活动的经验为中心来组织课程。在课程编制上，他认为不能用科目制来编制，而应该是整个的、强调预成和生成相结合的弹性化课程编制，其内容要符合儿童的生理需要和心理需要。他提出了社会化的幼稚园课程思想，认为社会化幼稚园课程的内容来源于儿童的需要、原有经验以及当前和将来的生活。幼稚园的一切活动都具有社会性，应当培养儿童的互助与合作精神、爱和怜的情感、顾到别人的思想。

关于幼稚园教师。张宗麟认为，幼稚园教师的任务是养护儿童的身体、养成儿童的习惯、教给儿童知识和技能、与家庭联络并改良家庭教育、研究儿童等。因此，教师必须具有一定的技能、常识和态度，要抱有终身从教的决心。

| 练习与反思 |

1. 对未来四年进行学涯规划，并与同伴分享和交流。
2. 尝试分析自己的个性优势和不足，并提出改进措施。

① 张沪.张宗麟幼儿教育论集［M］.长沙：湖南教育出版社，1985：3.

3. 以一名幼儿园教师的身份，谈谈你对各种社会关系的理解。

4. 绘制以本篇内容为主题的思维导图，至少包含三级分支。

5. 填写以下反思内容：

关于本篇学习内容，我有如下问题：

对于上述问题，我尝试进行如下解答：

完成本篇内容的学习后，我有话要说：

我想就本周阅读过的书籍或文献谈谈自己的心得：

第七篇

洞见意蕴：坚守学前教育专业立场

学前教育是终身学习的开端，是国民教育体系的重要组成部分，是重要的社会公益事业。办好学前教育、实现幼有所育，是党的十九大作出的重大决策部署，是党和政府为老百姓办实事的重大民生工程，关系亿万儿童健康成长，关系社会和谐稳定，关系党和国家事业未来。

——《中共中央　国务院关于学前教育深化改革规范发展的若干意见》

| 学习导引 |

洞见意蕴：坚守学前教育专业立场

- 文件——你知道我国关于学前教育的重要文件有哪些吗？
- 理念——你领会我国学前教育重要文件的理念吗？
- 原则——你了解我国学前教育重要文件的实施原则吗？
- 内容——你了解我国学前教育重要文件的基本内容吗？

一、改革开放以来我国关于学前教育的重要文件

改革开放以来，国家相继颁布了关于学前教育的一系列重要文件，我国学前教育事业发展逐渐步入正常轨道。学前教育专业学生需要对这些文件有所了解，这样才能全面和准确地把握新时代学前教育的特征、要求和发展规律，这是坚守学前教育专业立场的思想基础，也是学业要求。

1981年10月，教育部颁布了《幼儿园教育纲要（试行草案）》，为我国提高学前教育质量打下了良好的思想基础。1989年6月，国家教育委员会颁布了《幼儿园工作规程（试行）》。1996年6月，《幼儿园工作规程》正式实施，该文件对加强幼儿园内部科学管理、提高保教质量起到了重要作用，也使我国的学前教育法制化建设迈上了一个新台阶。2001年7月，教育部印发《幼儿园教育指导纲要（试行）》，这是我国学前教育理念发生变革的重要标志，具有里程碑意义。

2010年7月，《国家中长期教育改革和发展规划纲要（2010—2020年）》正式颁布，明确提出了到2020年的发展目标。为了贯彻落实这一文件的要求，2010年11月，《国务院关于当前发展学前教育的若干意见》出台，将发展学前教育摆在更加重要的位置，着力解决"入园难"问题。之后，教育部还陆续颁布了《教师教育课程标准（试行）》（2011年10月）、《幼儿园教师专业标准（试行）》（2012年2月）、《3—6岁儿童学习与发展指南》（2012年10月）和《幼儿园工作规程》（2016年1月）等文件。

2018年7月，教育部颁布了《关于开展幼儿园"小学化"专项治理工作的通知》，为学前教育的快速发展提供了有力的制度保障。同年11月，《中共中央　国务院关于学前教育深化改革规范发展的若干意见》提出："学前教育是终身学习的开端，是国民教育体系的重要组成部分，是重要的社会公益事业。办好学前教育、实现幼有所育，是党的十九大作出的重大决策部署，是党和政府为老百姓办实事的重大民生工程，关系亿万儿童健康成长，关系社会和谐稳定，

关系党和国家事业未来。”这是中华人民共和国成立以来第一个以中共中央、国务院名义印发的关于学前教育工作的文件。

二、《幼儿园教育指导纲要（试行）》解析

2001年7月，教育部颁布了《幼儿园教育指导纲要（试行）》(以下简称《纲要》)，“它是遵循我国宪法和教育基本法的精神，根据党的教育方针和《幼儿园工作规程》而制定的对全国幼儿园教育进行宏观管理和指导的单行法规文件。它与其他有关幼教的教育行政法规一起，构成一个受共同原则指导的、具有内在协调一致性的、层次不同的幼教法规体系，共同推动我国幼教的科学化、法制化进程，促使幼教朝着更加健康、正确的方向前进”[①]。

（一）《纲要》的思想理念

理念是一种理想、一种信念，是指引人们的态度和行为的无形而强大的观念力量。学前教育专业学生必须在学习和实践中努力建构正确的教育理念，并使之始终指引自己的教育教学行为和专业成长之路。李季湄教授对《纲要》的基本理念有过清晰、详细、深刻的解读，以下是对她解读思想的简单介绍和说明。[②]

1. 终身教育

终身教育思想渗透于《纲要》的全文，这一理念使学前教育工作者站在更加广阔的视野，重新审视幼儿教育的价值，思考幼儿教育的深度与广度，理解幼儿教育对于终身教育的意义。该理念促使学前教育工作者对基础教育的“基础”、幼儿园教育的使命、幼儿发展的真正含义，以及真正高质量的幼儿教育等问题作出深度思考。

《纲要》将培养幼儿终身学习的基础和动力放在了核心位置，强调教育活动

---

①② 教育部基础教育司.《幼儿园教育指导纲要（试行）》解读［M］.南京：江苏凤凰教育出版社，2017：49，49-67.

"既符合幼儿的现实需要，又有利于其长远发展"。在表述各领域目标时，多次使用"体验""感受""喜欢""乐意"等词汇，突出了我国基础教育在情感、态度和价值观等方面的取向。各领域均强调幼儿良好习惯的养成，强调合作、参与、探索，强调"幼儿每天有适当的自主选择和自由活动时间"，强调通过"引发、支持幼儿与周围环境之间积极的相互作用"来学习知识、技能。总之，《纲要》注重幼儿积极主动的态度、强烈的学习兴趣、与环境有效互动的能力、初步的合作意识以及责任感等终身持续发展所需要的基本素质，并将它们作为衡量幼儿教育质量的重要指标。

2. 以人为本

"以人为本"的幼儿教育理念是《纲要》的突出特征，它强调幼儿园应让幼儿从"被动的接受者"向"积极的参与者"转变。

《纲要》总则部分从不同的角度围绕"以幼儿发展为本"的思想，明确指出幼儿教育要"为幼儿一生的发展打好基础""共同为幼儿的发展创造良好的条件""满足他们多方面发展的需要，使他们在快乐的童年生活中获得有益于身心发展的经验"等。这一精神也融入了《纲要》的其他部分。为了幼儿的身心健康发展，在每个领域的指导要点中，都鲜明地点出了带有普遍性的问题，如"要充分尊重幼儿生长发育的规律，严禁以任何名义进行有损幼儿健康的比赛、表演或训练""避免仅仅重视表现技能或艺术活动的结果，而忽视幼儿在活动过程中的情感体验和态度的倾向""应支持幼儿富有个性和创造性的表达，克服过分强调技能技巧和标准化要求的偏向"等。《纲要》倡导的"以幼儿发展为本"的教育，强调幼儿现实生活本身对于幼儿成长的意义，肯定了幼儿的兴趣、需要、游戏具有独立的价值，强调幼儿在真实生活中的成长。这些规定性的条文将幼儿视为独立的个体，澄清了幼儿教育的误区。

3. 面向世界

《纲要》的内容体现了世界教育共同的发展趋势，反映了教育科学研究的诸多成果。在教育目标上，《纲要》重视幼儿的兴趣、情感、态度，并在实施中重视以幼儿为主体的探索性学习，这种重视认知的情感化和情感的认知化的思想，符合教育发展的趋势。在教育内容上，《纲要》吸收了建构主义和现代认知心理学的成果，强调了作为教育内容的知识的建构性和过程性，在教育要求上，不再把知识列为静态的、脱离幼儿的、仅仅要幼儿记住的东西，而是将知识视为动态变化的、幼儿主动建构的过程。在实施原则上，根据现代学习心理学的研究，从广义的学习观出发，要求保证幼儿的游戏、自由和自发的活动时间，同时强调幼儿园教育的生活性，这符合教育回归幼儿的生活、密切贴近幼儿的生活的发展趋势。

《纲要》体现了世界基础教育"学科融合的方向"的特征。它的实施原则提出："各领域的内容要有机联系，相互渗透，注重综合性、趣味性、活动性，寓教育于生活、游戏之中。"力图营造一个与幼儿生活本身一致的高度综合的课程形态，这不仅与我国基础教育改革的步调一致，也符合现代教育发展的趋势。

（二）《纲要》的内容架构

《纲要》由总则、教育内容与要求、组织与实施、教育评价共四个部分组成。

《纲要》的第一部分为总则，共有五条，其精神贯穿全文。第一条阐明了制定《纲要》的依据、原因和目的，《中华人民共和国教育法》《幼儿园管理条例》《幼儿园工作规程》是制定《纲要》的直接依据。第二条阐明了我国幼儿园教育的性质和根本任务，即幼儿园教育是"基础教育的重要组成部分，是我国学校教育和终身教育的奠基阶段"，其根本任务是"为幼儿一生的发展打好基础"。第三条规定了我国幼儿园教育的外部原则，即幼儿园需要与社会的变化相适应，以更新"教育资源"的概念为基础，与家庭、社区等外部资源密切合作，从而使幼儿教育更加开放化、社会化。第四条指出了幼儿园教育的特点，与小学教育相比，幼儿园教育更强调让幼儿在实际生活中获得经验，注重创设健康、丰富的生活和活动环境，促进幼儿的学习和发展。第五条规定了幼儿园教育的内部原则，比如，尊重幼儿的身心发展规律、以游戏为基本活动等，这些原则都是幼儿园教育必须遵循的基本规则。

《纲要》的第二部分为教育内容与要求。它将幼儿的学习范畴划分为健康、语言、社会、科学和艺术五个领域，并强调“各领域的内容相互渗透，从不同的角度促进幼儿情感、态度、能力、知识、技能等方面的发展”。每一领域均由“目标”“内容与要求”和“指导要点”三部分组成。“目标”部分着眼于培养幼儿终身学习的基础和动力，主要表明了该领域的重点追求和主要价值取向。“内容与要求”部分重点说明为实现教育目标，幼儿园教师应当做什么以及如何做，同时强调幼儿的主动学习和教学方式的改革。“指导要点”部分，点明了该领域的教与学的特点，也点明了该领域特别应当注意的有普遍性的问题。

《纲要》的第三部分是组织与实施。强调幼儿园教育在组织实施中，需要以教育性、互动性、开放性、针对性和灵活性为原则。在各个条目中都贯穿着幼儿教育的理念与观点，比如，尊重幼儿身心发展的客观规律，尊重幼儿的权利，尊重教师的创造，尊重幼儿在学习特点、发展水平、个性特征等方面的差异。

《纲要》的第四部分是教育评价。强调幼儿园教育评价应重视过程、重视差异、重视质性研究等，明确规定评价是为了幼儿的发展、教师的反思性成长和教育质量的提高（表7–1）。

表7–1 《纲要》的框架

框架	内容与逻辑结构
总则	第一条：制定《纲要》的原因、目的（依据、定位）
	第二条：幼儿园教育的性质、任务
	第三条：幼儿园教育的外部原则
	第四条：幼儿园教育的特点
	第五条：幼儿园教育的内部原则

续表

框架	内容与逻辑结构	
教育内容与要求（五大领域）	目标	该领域重点追求什么，主要的价值取向是什么
教育内容与要求（五大领域）	内容与要求	教师应该做什么，怎样做
教育内容与要求（五大领域）	指导要点	该领域知识的主要特点，教和学的主要特点；该领域特别应该注意的有普遍性的问题
组织与实施（要点）	幼儿园教育组织与实施的根本原则	
组织与实施（要点）	幼儿园教育活动的含义	
组织与实施（要点）	教育活动的组织与实施的基本原则	
组织与实施（要点）	组织与实施中各方面的原则，教育活动的目标、内容、形式、环境、一日生活、衔接问题	
组织与实施（要点）	教师在活动的组织与实施中的角色和作用	
教育评价（要点）	幼儿园教育评价的功能	
教育评价（要点）	幼儿园教育评价的主体	
教育评价（要点）	幼儿园教育评价实施的原则	
教育评价（要点）	幼儿园教育工作评价的主要内容	
教育评价（要点）	幼儿园发展评价的原则	

（三）《纲要》的基本要求

幼儿园的课程构建、教与学、师幼互动、发展评价等一系列理论与实践问题都是围绕幼儿发展的问题展开的，《纲要》为学前教育工作者的教育实践提出了基本要求。

1. 理解教与学的幼儿发展观

《纲要》追求“教与学”的内在统一性，既要考虑教育的目的性，又要关注幼儿发展的可能性，更要谋求两者的平衡，把幼儿发展观作为新理念向实践转化的必要前提。《纲要》强调幼儿的自主性，体现了尊重幼儿的兴趣、满足幼儿的需要的思想。这就要求学前教育工作者要以幼儿发展为本，处理好“学”与“教”的关系。

学前教育专业学生在学习中应当思考并尝试践行幼儿发展观，在思考幼儿可持续发展的过程中解决“教什么”的问题，在思考幼儿发展的全面性和差异性的过程中解决“如何教”的问题，在思考幼儿发展规律的过程中解决“何时教”的问题。学生在不断学习和思考的过程中，逐渐深入理解幼儿发展观，这对于自己未来的工作很有帮助。

2. 强调家园合作

《纲要》“总则”中提出：“幼儿园应与家庭、社区密切合作，与小学相互衔接，综合利用各种教育资源，共同为幼儿的发展创造良好的条件。”在“组织与实施”中提出：“家庭是幼儿园重要的合作伙伴。应本着尊重、平等、合作的原则，争取家长的理解、支持和主动参与，并积极支持、帮助家长提高教育能力。”此外，还指出：“充分利用自然环境和社区的教育资源，扩展幼儿生活和学习的空间。幼儿园同时应为社区的早期教育提供服务。”《纲要》倡导整合各方资源，形成教育合力，特别强调家园合作对于幼儿发展的重要意义。

在《纲要》的学习中，学前教育专业学生要充分理解家园合作的意义和作用，积极学习促进家园合作的方法和技能。

3. 重视幼儿教育的整体观

《纲要》明确指出：“各领域的内容要有机联系，相互渗透，注重综合性、趣味性、活动性。”这就要求学前教育工作者从以下四个方面践行幼儿教育的整体观：第一，从整体、全面发展的幼儿发展视角理解幼儿教育的整体性；第二，从整合观出发，将幼儿园一日生活中各项活动的价值进行整合，体现整体成效；第三，基于幼儿园课程内容中各领域内部及各领域之间的内在联系，整合主题教育活动的课程内容；第四，充分整合幼儿园、家庭及社区资源，发挥教育合力。

幼儿教育的整体观符合幼儿的身心发展规律和学习特点，有利于科学规划和组织幼儿园教育教学活动，更好地促进幼儿的身心和谐发展。幼儿教育的整体观强调教育系统相关要素之间的联系和协调，有利于科学组织园内外的教育资源，动员各种教育力量，有效地发挥整体教育成效，提高教育质量。幼儿教育的整体观也是衡量和检验幼儿园教师教育行为和幼儿园教育成效的尺度。学前教育专业学生要深刻理解幼儿教育的整体观，在实践中体验幼儿园教师的适宜性行为。

三、《3—6岁儿童学习与发展指南》解析

《国家中长期教育改革和发展规划纲要（2010—2020年）》提出了"把提高质量作为教育改革发展的核心任务""树立以提高质量为核心的教育发展观，注重教育内涵发展"的战略目标。从现状上看，我国学前教育在满足幼儿、幼儿家庭和社会需求上仍然面临着诸多问题，突出表现在城乡教育质量差距大、幼儿园教师专业化水平低，幼儿园教育"小学化"倾向明显，家长的幼教观念与教育方式存在误区等方面。在此背景下，教育部组织专家研制了《3—6岁儿童学习与发展指南》（以下简称《指南》），并于2012年10月正式颁布，这是积极落实教育规划纲要精神、深化学前教育改革、促进学前教育高质量发展、提高家长和全社会教育水平的有效举措。

（一）《指南》的思想理念

李季湄教授对《指南》的理念进行了清晰、精准和深刻的解读，以下是对其解读思想的简单介绍和说明。[①]

1. 是"指南"而不是"标准"

以"指南"命名的事物强调其导向和指引作用，以"标准"命名的事物强调其统一性和规定性。由于幼儿个体发展具有差异性，不宜采用"标准"一词。

---

① 李季湄，冯晓霞.《3—6岁儿童学习与发展指南》解读［M］.北京：人民教育出版社，2013：20-37.

《指南》旨在指导我国3—6岁幼儿学习与发展的方向，而不是对幼儿发展的水平、方式、速度等作出统一规定或量化要求。比如，在目标部分“分别对3—4岁、4—5岁、5—6岁三个年龄段末期幼儿应该知道什么、能做什么、大致可以达到什么发展水平提出了合理期望，指明了幼儿学习与发展的具体方向”。学前教育专业学生要准确领会这一思想，分析和理解这些合理期望的学理基础和内在机制，这是作出合理教育行为决策的前提。

2. 支持幼儿的学习

支持幼儿的学习，需要从幼儿的年龄特征、认知特征、所持经验的特征及其身心发展规律出发，认识幼儿学习的独特性。幼儿的学习内容是广泛的，学习方式不是机械记忆与抽象学习，而是通过在一日生活的体验、操作、模仿、感知、探究的过程中建构经验，积累对客观世界的认识。游戏是幼儿极有意义的学习过程和学习方式，幼儿自己的生活是其学习的最重要的途径。

《指南》的“说明”中明确指出：“幼儿的学习是以直接经验为基础，在游戏和日常生活中进行的。要珍视游戏和生活的独特价值，创设丰富的教育环境，合理安排一日生活，最大限度地支持和满足幼儿通过直接感知、实际操作和亲身体验获取经验的需要。”这既是幼儿学习的特点和方式，也是支持幼儿学习的方法和途径，学前教育专业学生要认真研读、理解和领会。

3.《指南》不能替代《纲要》

实施《指南》并不意味着不再需要贯彻《纲要》了，因为这两个文件在对象、层次、内容和功能等方面是不同的。《纲要》是宏观性指导文件，用于指导和规范幼儿园的整个保育和教育工作，从“总则”到“教育内容与要求”“组织与实施”“教育评价”等各部分内容都是针对幼儿园教育各环节的全面指引与规范，而这是《指南》所不具备的。从实践层面来讲，《纲要》指引《指南》的实施方向，《指南》推进《纲要》的深入贯彻落实，二者从不同的层面和角度各司其职，共同推动我国幼儿教育的科学发展。学前教育专业学生要充分认识二者的相互关系和不可替代性，并尝试使它们在自己的学习和实践中得以贯彻。

（二）《指南》的内容结构

《指南》的内容由“说明”与“正文”两部分构成。“说明”简要阐述了《指南》制定的背景与目的、目标与作用、内容与结构以及实施原则等。“正文”从3—6岁儿童学习与发展的五个领域分别描述了幼儿的学习与发展，这五个领域是健康、语言、社会、科学、艺术。每个领域按照幼儿学习与发展最基本、最重要的内容又划分为若干子领域。每个子领域的目标部分列出了若干目标，每个目标下有“各年龄段典型表现”及相应的“教育建议”（表7–2）。

表7–2 《指南》的框架

领域	子领域	目标	教育建议条目
健康	身心状况	1. 具有健康的体态	1—4
		2. 情绪安定愉快	1—2
		3. 具有一定的适应能力	1—3
	动作发展	1. 具有一定的平衡能力，动作协调、灵敏	1—4
		2. 具有一定的力量和耐力	1—2
		3. 手的动作灵活协调	1—2
	生活习惯与生活能力	1. 具有良好的生活与卫生习惯	1—4
		2. 具有基本的生活自理能力	1—3
		3. 具备基本的安全知识和自我保护能力	1—3
语言	倾听与表达	1. 认真听并能听懂常用语言	1—3
		2. 愿意讲话并能清楚地表达	1—2
		3. 具有文明的语言习惯	1—2
	阅读与书写准备	1. 喜欢听故事，看图书	1—3
		2. 具有初步的阅读理解能力	1—3
		3. 具有书面表达的愿望和初步技能	1—2

续表

领域	子领域	目标	教育建议条目
社会	人际交往	1. 愿意与人交往	1—2
		2. 能与同伴友好相处	1—3
		3. 具有自尊、自信、自主的表现	1—2
		4. 关心尊重他人	1—3
	社会适应	1. 喜欢并适应群体生活	1—3
		2. 遵守基本的行为规范	1—3
		3. 具有初步的归属感	1—3
科学	科学探究	1. 亲近自然，喜欢探究	1—2
		2. 具有初步的探究能力	1—4
		3. 在探究中认识周围事物和现象	1—3
	数学认知	1. 初步感知生活中数学的有用和有趣	1—4
		2. 感知和理解数、量及数量关系	1—4
		3. 感知形状与空间关系	1—2
艺术	感受与欣赏	1. 喜欢自然界与生活中美的事物	1—2
		2. 喜欢欣赏多种多样的艺术形式和作品	1—2
	表现与创造	1. 喜欢进行艺术活动并大胆表现	1—2
		2. 具有初步的艺术表现与创造能力	1

（三）《指南》的实施原则

《指南》中的五个领域之间是相互联系、相互支撑的。学前教育专业学生在学习专业知识、训练专业技能的过程中，要努力践行“以幼儿为本”的教育理念，充分考虑各领域之间的关系，为未来就业做好思想准备。

1. 关注幼儿学习与发展的整体性

《指南》的“说明”部分强调实施时“要注重领域之间、目标之间的相互渗透和整合，促进幼儿身心全面协调发展，而不应片面追求某一方面或几方面的发展”。这是基于幼儿发展特点的合理表述，因为幼儿阶段需要完成的任务不仅是身体的发育，还有心理的发展；他们不仅需要发展智力和才艺，还需要发展情感态度、行为习惯和能力技能。

《指南》的五个领域共包含11个子领域、32个目标，通过各领域综合地多管齐下，从而实现总目标。因此，必须关注幼儿学习与发展的整体性。

学前教育专业学生要清楚地认识到，遵循幼儿学习与发展的整体性规律，最重要的是要尊重幼儿的生活与游戏，任何形式、任何内容的教育活动都能够、也必须遵循幼儿学习与发展的整体性，把每个幼儿作为需要全面发展的“人”来培养，才是问题的关键。

2. 尊重幼儿发展的个体差异

《指南》的“说明”指出：“幼儿的发展是一个持续、渐进的过程，同时也表现出一定的阶段性特征。每个幼儿在沿着相似进程发展的过程中，各自的发展速度和到达某一水平的时间不完全相同。要充分理解和尊重幼儿发展进程中的个别差异，支持和引导他们从原有水平向更高水平发展，按照自身的速度和方式到达《指南》所呈现的发展‘阶梯’，切忌用一把‘尺子’衡量所有幼儿。”这一原则主要包含了两层含义：一是尊重幼儿发展的“连续性与阶段性”规律；二是尊重幼儿在相似发展进程中的个别差异。卢梭曾说：“大自然希望儿童在成人之前就要像儿童的样子。如果我们打乱了这个次序，就会造成一些果实早熟，它们既不丰满也不甜美，而且很快就会腐烂。”因此，实施《指南》时，不能追求一时的成就，更不能揠苗助长，让幼儿过度学习，而是要把握不同年龄段的幼儿的学习特点与发展规律，努力为幼儿创设从容成长的环境，让每个幼儿都能按照自己成长的节奏获得发展。

学前教育专业学生在专业学习和实践中，一定要关注并尊重幼儿在学习与发展上的差异，知道这些差异是正常的，不能用一把尺子去统一丈量所有的幼儿，抹杀或无视他们的差异。拥有了这个理念，就有了从事幼儿园保教工作和生成课程的基本思想，这是专业发展的正确方向。

3. 理解幼儿的学习方式和特点

《指南》的“说明”明确指出：“幼儿的学习是以直接经验为基础，在游戏和日常生活中进行的。”这指明了幼儿学习的主要特点，只有在做中学、玩中学、生活中学，幼儿的学习才会有效、有用、有趣。在游戏中，幼儿体验与经历了在现实生活中难以做到的事情，他们可以摆弄、操作许多材料或工具，探究自己感兴趣的问题，在操作过程中获得对外界世界的认识。《指南》遵循幼儿学习的这一特点，在“说明”中强调要“最大限度地支持和满足幼儿通过直接感知、实际操作和亲身体验获取经验的需要”，并在“教育建议”中倡导：“多为幼儿选择一些能操作、多变化、多功能的玩具材料或废旧材料，在保证安全的前提下，鼓励幼儿拆装或动手自制玩具”；“给幼儿提供丰富的材料和适宜的工具，支持幼儿在游戏过程中探索并感知常见物质、材料的特性和物体的结构特点”。

尊重幼儿的学习特点与学习方式是事关教育观、儿童观的大问题，是事关“以幼儿为本”理念的实践取向问题，必须高度重视。学前教育专业学生要深刻认识和认同幼儿的学习方式和特点，并以自己的实际行动鼓励幼儿在生活和游戏中亲身感受、体验、操作和探究，支持他们在对自我、他人和外部世界的认识中不断发展，尊重他们的有意义建构。

4. 重视幼儿的学习品质

学习品质主要指学习态度、行为习惯、方法等与学习密切相关的基本素质，对人一生的学习都具有重要影响，一般在幼儿期开始出现并发展。《指南》的“说明”中明确指出了幼儿期重要的学习品质：“幼儿在活动过程中表现出的积极态度和良好行为倾向”，“幼儿的好奇心和学习兴趣”，“积极主动、认真专注、不怕苦难、敢于探究和尝试、乐于想象和创造等”。

学前教育专业学生要理解学习品质的内涵，知道幼儿的重要学习品质有哪些，更要有培养幼儿学习品质的意识。学习品质不是指儿童所要获得的知识、技能，而是指儿童怎样获得各种知识、技能。“在儿童的学习与发展中，并不存在一个单独的学习品质领域，学习品质渗透于健康、语言、社会、科学、艺术等领域的学习与发展之中。或者说，五大领域交叉的部分，就是儿童的学习品质。”①也就是说，学习品质似乎看不见、摸不着，但它的重要性可见一斑，甚至比知识和技能的学习更有意义，因为学习品质的好坏决定着幼儿现在乃至未来的学习和发展质量。《指南》的“说明”指出：“忽视幼儿学习品质培养，单纯追求知识技能学习的做法是短视而有害的。”此外，幼儿的学习品质不是孤立存在的，不能脱离幼儿的生活，它在各领域的具体学习活动中得到培养并体现，也在幼儿的生活、游戏中显露。因此，学习品质一定要在幼儿的实际生活、游戏、学习活动中潜移默化地加以培养，我们对此应重点领会。

二维码7-1　珍视游戏的独特价值，彰显幼儿园教育的不可替代性

四、《幼儿园教师专业标准（试行）》解析

我国幼儿园教师专业标准体系是由一系列标准和相关配套文件构成的，具体包括《幼儿园教师专业标准（试行）》《幼儿园教师教育机构资质标准》《幼儿园教师教育课程标准》《幼儿园教师教育质量评估标准》《幼儿园教师资格考试标准》《学前教育专业师范生教师职业能力标准（试行）》等。“这个标准体系从顶层设计到具体操作、从宏观把握到微观落实、从理念目标到结果监控，是一个完整的幼儿园教师专业化制度体系。这个制度体系既具有国际通约性、可比性，又具有中国特色，在当下幼儿园教师教育中有一定的适切性。”②《幼儿园教

① 鄢超云，魏婷.《3—6岁儿童学习与发展指南》中的学习品质解读［J］.幼儿教育，2013（18）：1-5.

② 教育部教师工作司.《幼儿园教师专业标准（试行）》解读［M］.北京：北京师范大学出版社，2013：19.

师专业标准（试行）》（以下简称《专业标准》）是我国基础教育教师专业标准体系的组成部分，是落实《国家中长期教育改革和发展规划纲要（2010—2020年）》的重要体现。它的出台对于促进幼儿园教师专业化、提高幼儿园教育质量起到重要的指引和支撑作用。

《专业标准》是国家对合格幼儿园教师专业素质的基本要求，是幼儿园教师实施保教行为的基本规范，是引领幼儿园教师专业发展的基本准则，是幼儿园教师培养、准入、培训、考核等工作的重要依据。学前教育专业学生应对此有清晰的认识，要认真学习和领会它的基本依据、内容架构和理念特点，从而使自己的专业学习具有明确的方向。

（一）《专业标准》的思想理念

1. 师德为先

《专业标准》要求幼儿园教师要“热爱学前教育事业，具有职业理想，践行社会主义核心价值体系，履行教师职业道德规范，依法执教。关爱幼儿，尊重幼儿人格，富有爱心、责任心、耐心和细心；为人师表，教书育人，自尊自律，做幼儿健康成长的启蒙者和引路人”。师德是幼儿园教师最基本、最重要的职业准则和规范，每一名学前教育专业学生都必须秉持“师德为先”的理念，首先要认真学习社会主义核心价值体系，并将其落实在教育过程中，以社会主义核心价值体系作为检验自身师德水平的重要标准；其次，要努力培养自己对学前教育事业的热爱，把自身成长、个人进步同社会主义事业和祖国的繁荣富强紧密联系起来，这是落实师德为先理念的前提。

关爱幼儿，尊重幼儿人格，富有爱心、责任心、耐心和细心是幼儿园教师师德的重要内容。师爱是师德的魂，没有爱，就没有真正的教育，学前教育专业学生在专业学习和实践中，要时刻提醒自己尊重每一位幼儿的人格，保障他们在幼儿园快乐而有尊严的生活，而做到这一点的前提是必须了解幼儿的认知特点、学习方式和个体差异，用耐心、细心和责任心完成专业学习中的每一次实践。

为人师表，教书育人，自尊自律，做幼儿健康成长的启蒙者和引路人。这是幼儿园教师职业的内在要求。学前教育专业学生要清楚地认识到，与其他学段相比，幼儿园教师的教育对象是具有明显特殊性的幼儿，他们年龄小、可塑性强、模仿能力强、自我评价能力较差，他们会把幼儿园教师作为自己亲近和模仿的对象，幼儿园教师的言行举止、道德水平对幼儿会产生潜移默化的影响。所以，在与幼儿相处时，教师要严于律己，以身作则，为幼儿树立榜样。

2. 幼儿为本

《专业标准》对“幼儿为本”理念的表述是：“尊重幼儿权益，以幼儿为主体，充分调动和发挥幼儿的主动性；遵循幼儿身心发展特点和保教活动规律，提供适合的教育，保障幼儿快乐健康成长。”

“幼儿为本”的第一要义是尊重幼儿的权利，主要体现在尊重幼儿表达的权利、尊重幼儿行动的权利、尊重幼儿探究的权利、尊重幼儿的人格。让每个幼儿愉快地、有尊严地度过童年生活，应当成为每一位学前教育工作者的信念。学前教育专业学生在专业学习和实践中，要坚信“幼儿为本”的理念不只是教育的出发点，也是教育的落脚点，要从尊重幼儿的兴趣和需要、尊重幼儿的特点与保教规律出发，在幼儿园的教育目标、课程设置、环境创设、家园共育等各个环节上充分考虑幼儿的需要，真正做到以幼儿为本。

3. 能力为重

《专业标准》提出：“把学前教育理论与保教实践相结合，突出保教实践能力；研究幼儿，遵循幼儿成长规律，提升保教工作专业化水平；坚持实践、反思、再实践、再反思，不断提高专业能力。”学前教育专业学生应注意，被强调的幼儿园教师能力是与理论相结合的保教实践能力、研究幼儿的专业能力和反思提高的自我发展能力。这三项能力以“幼儿为本”为基础，指向幼儿园“教师的学习、研究、创新以及个人专业发展，即学习能力、研究能力、创新能力、自我规划与发展能力”。[①]这既是对幼儿园教师的能力要求，又是对幼儿园教师

---

① 教育部教师工作司.《幼儿园教师专业标准（试行）》解读［M］.北京：北京师范大学出版社，2013：50.

专业发展的要求。

学前教育专业学生要经常反思和评价自己在环境的创设与利用、一日生活的组织与保育、游戏活动的支持与引导、教育活动的计划与实施、激励与评价、沟通与合作、反思与发展等方面的能力如何，需要继续学习和训练什么，从而使自己在专业学习中持续积累专业知识，及时训练专业技能，不断提高专业能力，以胜任未来的工作。

图7-1反映了学前教育专业人才培养中关于能力目标的演进。右侧所示内容为新时代幼儿园教师应具备的专业能力。学前教育专业学生可以对照此图评价和调整自己的专业学习行为。

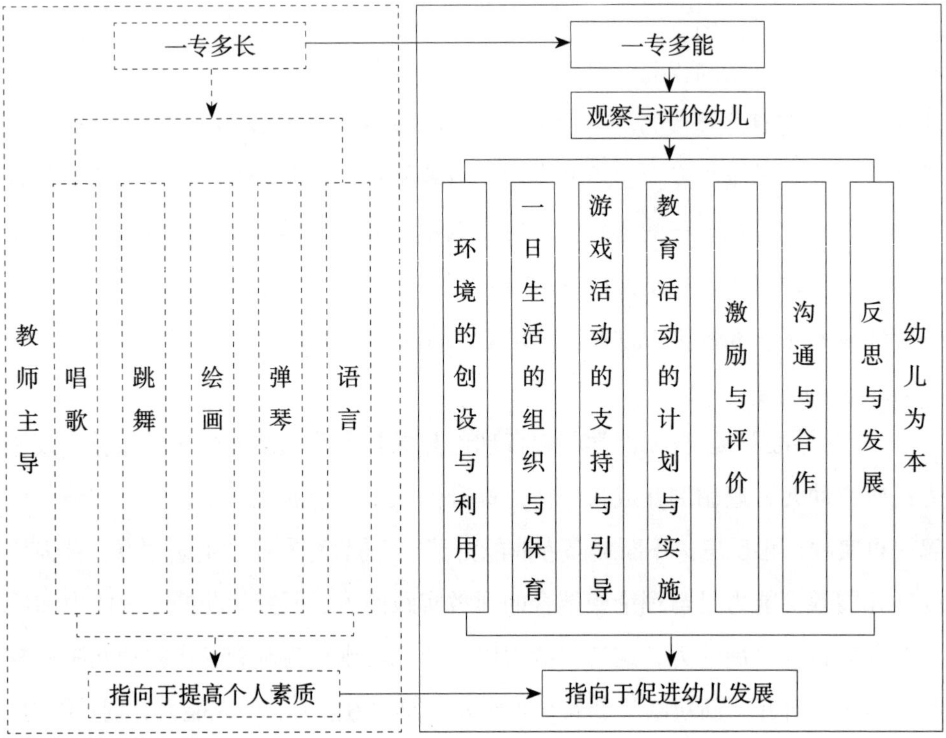

图7-1　学前教育专业人才培养中关于能力目标的演进

4. 终身学习

《专业标准》提出要“学习先进学前教育理论，了解国内外学前教育改革与发展的经验和做法；优化知识结构，提高文化素养；具有终身学习与持续发展的意识和能力，做终身学习的典范”。专业发展是教师持续积累、不断反思、挑战自我的终身学习过程。这既是时代发展的必然要求，又是幼儿园教师的职业要求。

学前教育专业学生要充分认识到终身学习是幼儿园教师职业发展的必然要求，是幼儿园教师专业成长不可或缺的需要。幼儿园教师在提高专业素养的过程中，逐渐从不成熟走向成熟，需要经历漫长的发展过程。这就要求学生做好入职前的准备工作，因此，学生要认真学习专业知识，优化知识结构，拓宽专业视野，用新理论、新知识和新方法武装自己，并通过积极参加幼儿园的教育实践活动，获得专业技能。

（二）《专业标准》的主要特点

1. 具体阐述了幼儿园教师应有的专业理念与师德

“教师的专业理念与师德是教师专业素养的核心，是教师专业发展的重要标志和关键维度。幼儿园教师的专业理念与师德是教师心中的‘指南针’和‘导航灯’，引导或调整教师的保教活动。”[①]《专业标准》明确阐述了幼儿园教师应具有的专业理念与师德，每一位学前教育专业学生应当在入职前铭记于心，入职后始终践行。

幼儿园教师的专业理念与师德不能在进入工作岗位后自然获得，而是需要学生从进入专业学习开始，自觉按照《专业标准》的要求，通过一系列的主动学习、亲身体验、反思研究才能逐渐获得。

2. 充分体现了幼儿园保教结合的独特性

保教结合是幼儿园教育的基本原则，这是由幼儿身心发展的特点和需要所决定，也是对幼儿园教师的基本专业要求。《专业标准》明确提出要“注重保教结合”，特别强调要充分考虑幼儿身心发展的特点和社会对幼儿生命与健康的

① 教育部教师工作司.《幼儿园教师专业标准（试行）》解读［M］.北京：北京师范大学出版社，2013：55.

热切关注，要“高度重视幼儿的生命与健康，并从专业态度、知识和能力三个层面相互呼应，全面提出了具体要求。如：教师要将保护幼儿生命安全放在首位；熟知幼儿园的安全应急预案，掌握意外事故和危险情况下幼儿安全防护与救助的基本方法；能有效保护幼儿，危险情况下优先救护幼儿”[①]。

学前教育专业学生在学习与实践中，应积极训练保教技能，积累保教经验，提高保教能力。

3. 明确提出了幼儿园教师的“应知应会”

《专业标准》从幼儿发展知识、幼儿保育和教育知识、通识性知识三个方面对幼儿园教师的专业知识提出具体要求，体现出鲜明的时代特征。在通识性知识中，明确提出幼儿园教师应具有一定的自然科学知识、人文社会科学知识、艺术欣赏与表现知识、现代信息技术知识。另外，幼儿园教师的专业能力也有其鲜明的独特性，注重保育能力和教育能力相结合，注重教师能力的全面性和综合性。

学前教育专业学生不仅要具有幼儿发展知识和幼儿保教知识，还要具有基本的人文科学素养和综合能力。因此，学生要充分利用在校学习时间，大量阅读相关书籍，不断积累专业知识。同时，要在真实生动的幼儿园教育教学情境中，通过撰写教育笔记、教学反思等方式，将教育理论转化为实践智慧，尝试创造性地解决教育实践问题。

（三）《专业标准》的内容架构

《专业标准》主要具有专业准入功能、专业规范功能和专业发展功能。在专业准入功能方面，它是幼儿园教师的入职基准，可以起到规范培养幼儿园教师的作用；在专业规范功能方面，它提出了幼儿园教师应具备的专业理念与师德、专业知识和专业能力；在专业发展功能方面，它承载了幼儿园教师的专业使命，引领着幼儿园教师的专业成长和发展。它的框架由基本理念、基本内容与实施

① 教育部教师工作司.《幼儿园教师专业标准（试行）》解读［M］.北京：北京师范大学出版社，2013：30-31.

建议三大部分构成。

《专业标准》的基本理念为师德为先、幼儿为本、能力为重和终身学习；基本内容包括3个维度、14个领域、62项基本要求，既体现了所有教师的共性，又体现了幼儿园教师的独特性；实施建议分别对教育行政部门、教师教育机构、幼儿园和中小学及教师提出了相关要求。①

《专业标准》"将幼儿园教师的专业理念与师德以'思想'为结合点融合成一个维度，并且将二者的共同点结合在一起划分为四个领域：幼儿园教师对职业的理解与认识、对幼儿的态度与行为、对幼儿保育和教育的态度与行为以及个人修养与行为，每个领域又有一些具体的基本要求"。"从纵向上看，维度—领域—基本要求共同构成了幼儿园教师专业理念与师德。从横向上看，专业理念与师德的维度既有理想层面的宏观要求，也有原则层面的中观基准，还有规则层面的行为规范"。②

在《专业标准》中，关于幼儿园教师的专业知识维度方面，幼儿发展知识领域的基本要求有5条，幼儿保育和教育知识领域的基本要求有6条，通识性知识领域的基本要求有4条，共15条。值得注意的是，在专业知识维度中，通识性知识的比例约为27%，既显示出现代社会对人的基本素质的要求，又显示出国家对幼儿园教师在自然科学知识、人文社会科学知识、艺术欣赏与表现知识，以及现代信息技术方面的要求。

《专业标准》将幼儿园教师的专业能力维度概括为环境的创设与利用能力、一日生活的组织与保育能力、游戏活动的支持与引导能力、教育活动的计划与实施能力、激励与评价能力、沟通与合作能力和反思与发展能力共7项能力。其中，前六项是教师实施保育教育的能力，第七项是教师自我发展的能力。由于幼儿园以保教结合为基本原则，以游戏为基本活动，环境是重要的教育资源，生活具有重要的教育价值，因此，幼儿园教师的专业能力是全方位的、综合

①② 教育部教师工作司.《幼儿园教师专业标准（试行）》解读［M］.北京：北京师范大学出版社，2013：21，57.

性的（表7–3）。

表7–3 《专业标准》的框架

维度	领域	条目
专业理念与师德	（一）职业理解与认识	1—5
	（二）对幼儿的态度与行为	6—9
	（三）幼儿保育和教育的态度与行为	10—15
	（四）个人修养与行为	16—20
专业知识	（五）幼儿发展知识	21—25
	（六）幼儿保育和教育知识	26—31
	（七）通识性知识	32—35
专业能力	（八）环境的创设与利用	36—39
	（九）一日生活的组织与保育	40—43
	（十）游戏活动的支持与引导	44—47
	（十一）教育活动的计划与实施	48—51
	（十二）激励与评价	52—54
	（十三）沟通与合作	55—59
	（十四）反思与发展	60—62

五、《幼儿园工作规程》解析

《幼儿园工作规程》（以下简称《规程》）是规范我国幼儿园教育和管理的重要文件，从入园和编班，安全，卫生保健，教育，园舍、设备，教职工，经费，幼儿园、家庭和社区，管理等方面对幼儿园的教育和管理进行了详细的说明和规范。这一文件在1989年颁布了试行版，1996年正式实施，2016年又颁布了修订后的新《规程》。

新《规程》的正式颁布是新形势下加强学前教育治理的需要，是推进幼儿园管理规范化和科学化的需要，更是落实依法治教的需要，有利于促进学前教育的健康可持续发展。

（一）《规程》的修订工作①

第一，坚持立德树人。《规程》“进一步强调幼儿园要坚持国家的教育方针，遵循幼儿身心发展特点和规律，实施德、智、体、美诸方面全面发展的教育，促进其身心和谐发展”。

第二，强化安全管理。《规程》专门设有“幼儿园的安全”一章，“明确要求幼儿园要建立健全设备设施、食品药品以及与幼儿活动相关的各项安全防护和检查制度，建立安全责任制和应急预案”。在“幼儿园的卫生保健”一章中，对建立与幼儿身心健康相关的一系列卫生保健制度作了明确规定。

第三，规范办园行为。《规程》对幼儿园的学制、办园规模、经费、资产、信息等方面的管理提出了明确要求。

第四，注重与法律法规和有关政策的衔接。一方面，做好与现行法律政策规定的衔接；另一方面，《中华人民共和国教育法》《中华人民共和国民办教育促进法》《中华人民共和国国家通用语言文字法》等法律法规对学校一些具体办学行为已有明确规定的，不再重复提出要求。

第五，完善幼儿园内部管理机制。“要求幼儿园进一步加强科学民主管理，强化了家长委员会的职能作用”“强调幼儿园应当建立教研制度，加强教育教学研究”。

（二）《规程》的基本结构

《规程》的基本结构包括11个部分，共66个条目。从幼儿园的定位与任务、幼儿园的保教工作与安全、幼儿的主体地位、教职工的任职资格和职责要

---

① 参见《修订〈幼儿园工作规程〉答记者问》。

求、家园共育、幼儿园管理规范化等方面对幼儿园工作提出了更高、更细的要求（表7–4）。

表7–4 《规程》的框架

章节	条目
第一章　总则	1—7
第二章　幼儿入园和编班	8—11
第三章　幼儿园的安全	12—16
第四章　幼儿园的卫生保健	17—24
第五章　幼儿园的教育	25—33
第六章　幼儿园的园舍、设备	34—37
第七章　幼儿园的教职工	38—45
第八章　幼儿园的经费	46—51
第九章　幼儿园、家庭和社区	52—55
第十章　幼儿园的管理	56—63
第十一章　附则	64—66

（三）《规程》的主要内容

1. 幼儿园的定位与任务

《规程》的“总则”中对幼儿园做了明确的定位，即“幼儿园是对3周岁以上学龄前幼儿实施保育和教育的机构。幼儿园教育是基础教育的重要组成部分，是学校教育制度的基础阶段”“幼儿园适龄幼儿一般为3周岁至6周岁，幼儿园一般为三年制”。

幼儿园的任务是“贯彻国家的教育方针，按照保育与教育相结合的原则，遵循幼儿身心发展特点和规律，实施德、智、体、美等方面全面发展的教育，促进幼儿身心和谐发展。幼儿园同时面向幼儿家长提供科学育儿指导”。

幼儿园保育和教育的主要目标是“促进幼儿身体正常发育和机能的协调发

展，增强体质，促进心理健康，培养良好的生活习惯、卫生习惯和参加体育活动的兴趣；发展幼儿智力，培养正确运用感官和运用语言交往的基本能力；增进对环境的认识，培养有益的兴趣和求知欲望，培养初步的动手探究能力；萌发幼儿爱祖国、爱家乡、爱集体、爱劳动、爱科学的情感，培养诚实、自信、友爱、勇敢、勤学、好问、爱护公物、克服困难、讲礼貌、守纪律等良好的品德行为和习惯，以及活泼开朗的性格；培养幼儿初步感受美和表现美的情趣和能力”。

此外，《规程》还明确了幼儿的入园和编班，包括：“幼儿园每年秋季招生”；“幼儿入园前，应当按照卫生部门制定的卫生保健制度进行健康检查，合格者方可入园”；“幼儿园规模应当有利于幼儿身心健康，便于管理，一般不超过360人”；“幼儿园可以按年龄分别编班，也可以混合编班”。

2. 幼儿园的保教工作与安全

高质量的保育和教育是高水平幼儿园的具体体现，促进各级各类幼儿园有质量的发展是现阶段国家的重要任务。《规程》明确了幼儿园保育和教育的主要目标，让各级各类幼儿园在办园发展过程中有章可循，有法可依，这是保证幼儿园高质量发展的前提。《规程》突出了幼儿园教育的独特性，特别对幼儿园的保教工作与安全提出了具体而详尽的要求。

第一，对幼儿园的安全管理进行了详细的规定，突出了幼儿园安全管理的重要性和必要性。对幼儿园的门卫、房屋、设备、消防、交通、食品、药物、装修装饰材料、玩教具材料等作出了明确规定；对幼儿园教职工必须具有的安全意识、掌握的急救常识具有详细的描述。

第二，对幼儿园的卫生保健工作提出了细致的要求，不仅规定了幼儿园一日生活作息制度，还对幼儿的健康检查制度、幼儿园卫生保健制度、膳食管理、饮水安全、体育活动等进行了逐条规定，尤其关注幼儿的身心健康发展，比如，在体育活动方面，规定了户外体育活动的时间，还对体弱或残疾儿童予以特殊照顾。

第三，对幼儿园的教育提出具体要求，涉及一日活动、日常生活、教育活动、游戏、环境、品德教育等方面，特别强调要尊重幼儿的身心发展规律与个体差异，注重幼小衔接。

3. 幼儿的主体地位

第一，强调幼儿的身心健康。明确提出“幼儿园必须切实做好幼儿生理和心理卫生保健工作”，要关注幼儿的心理健康，还提出了创设良好精神环境的要求。

第二，尊重幼儿的学习方式与特点。在教育活动的过程中，提出“应注重支持幼儿的主动探索、操作实践、合作交流和表达表现，不应片面追求活动结果”，体现了对幼儿主体地位的高度重视。此外，还提出要禁止幼儿园教育“小学化”。

第三，尊重幼儿游戏的权利。提出要保障幼儿的游戏条件，凸显了对幼儿的游戏需要、游戏自主性和愉快体验的关注。

第四，尊重幼儿的个体差异。提出要“为每个幼儿提供充分参与的机会，满足幼儿多方面发展的需要”，要“为在园残疾儿童提供更多的帮助和指导”。

4. 教职工的任职资格和职责要求

第一，明确了幼儿园教职工的任职资格。明确了幼儿园可设园长、副园长、教师、保育员、卫生保健人员等岗位，并对幼儿园不同类型教职工的任职资格进行了具体的规定。比如：幼儿园园长“应当具有《教师资格条例》规定的教师资格、具备大专以上学历、有三年以上幼儿园工作经历和一定的组织管理能力，并取得幼儿园园长岗位培训合格证书”；“幼儿园教师必须具有《教师资格条例》规定的幼儿园教师资格”。

第二，明确了园长、教师、保育员和卫生保健人员等人的主要工作职责。比如：幼儿园教师的主要职责是观察了解幼儿，合理安排幼儿一日生活；创设良好的教育环境，提供丰富的玩具和游戏材料，开展适宜的教育活动；做好卫生保健工作；与家长保持联系，共同完成教育任务；参加业务学习，定期总结评估保教工作实效，接受园长的指导和检查。

5. 家园共育

《规程》中有4个条目涉及幼儿园与家庭、社区的合作。

第一，明确规定幼儿园应主动与幼儿家庭沟通合作。包括向家长宣传指导、帮助家长创设良好的家庭教育环境等。

第二，明确了家园共育的制度与方式。要求建立幼儿园与家长联系的制度、家长开放日制度；要求成立家长委员会，充分发挥家长的专业和资源优势，积极开展家园共育的各种活动，让家长成为幼儿园重要决策、课程建设、保育教育的参与者。

第三，强调幼儿园与社区的联系与合作。主要是面向社区宣传科学育儿知识，开展灵活多样的公益性早期教育服务，争取社区对幼儿园的多方面支持。

6. 幼儿园管理规范化

《规程》从规范幼儿园管理的角度出发，重点强调了幼儿园内部管理的机制体制建设。

第一，明确了幼儿园的园舍、设备标准。除了规定幼儿园应具备的功能区外，还对幼儿园的户外活动场地、桌椅、玩具架、玩教具等提出了要求。

第二，规定了幼儿园的经费管理。《规程》用6个条目对经费来源、收费标准、合理开支、经费用途、膳食费管理及财务制度等内容一一进行规定。

第三，制定了一系列制度。对幼儿园实行园长负责制、教职工大会制度、教研制度、督导制度、信息管理制度等一系列内容通过8个条目作出具体要求，以保障各级各类幼儿园的制度化管理。

学前教育专业学生要了解国家对幼儿园整体管理、保育教育工作等方面的制度规定和具体要求，了解国家对幼儿园教育、儿童发展、教师发展的具体要求，这样才能结合专业学习开展专业实践活动。

二维码7–2　学前教育专业学生为什么要学习和领会国家的各项制度性文本

| 教育家介绍 |

瑞吉欧学前教育体系的创始人——马拉古兹①

马拉古兹（L.Malaguzzi，1920—1994）是意大利著名教育家，创办了风靡世界的瑞吉欧学前教育体系（图7–2）。这套体系具有扎实的理论依据、完整的教育理念和丰富的教育实践，成为世界各国学前教育的参考模式。

图7–2　马拉古兹

走进儿童心灵的儿童观。马拉古兹认为，儿童是能够自我认识、思考、发现、发明、幻想和表达世界的人，是自我成长的主角，他们具有巨大的发展潜力，教育者应当承认和认识儿童的潜力，并为他们的发展提供支持。他在《孩子的一百种语言》一书中通过一首诗《不，其实真的有一百》充分表达了这一思想。

为儿童提供福利的教师观。马拉古兹认为，教育者应当以儿童为中心，为儿童提供他们喜欢的环境，让他们在同伴和成人的陪伴中成长和学习。教师是儿童的倾听者、儿童行为的观察者、儿童活动材料的提供者和儿童行为的记录者与研究者。

发挥环境的教育作用。马拉古兹的学前教育思想集中表现在

---

① 参见陈文华，马金祥.中外学前教育史（第四版）[M].北京：科学出版社，2021：260-261；唐淑.学前教育思想史[M].北京：人民教育出版社，2018：472-480.

他的瑞吉欧教育体系中。瑞吉欧教育体系主张，儿童是在与外面世界的相互作用中学习的，其中，环境是一个重要的教育因素，包含着丰富的教育信息和资源，是儿童的第三位老师，能够激发和促进儿童学习，教师要精心布置环境，营造舒适、温暖和愉悦的氛围。

有弹性的项目活动。项目活动是瑞吉欧教育体系的一大特色，主要包括解决真实生活中的问题，以小组为单位进行主题探究，成人与幼儿共同建构、共同成长的学习过程等三大要素。它是一种非预定的教学模式，是师幼共建的弹性课程和探索性教学。

| 练习与反思 |

1. 通读《幼儿园教育指导纲要（试行）》《3—6岁儿童学习与发展指南》《幼儿园教师专业标准（试行）》及《幼儿园工作规程》。

2. 讨论幼儿园教师应具有的教育观、教师观和儿童观。

3. 撰写《学前教育政策文献研读报告》。

4. 绘制以本篇内容为主题的思维导图，至少包含三级分支。

5. 填写以下反思内容：

关于本篇学习内容，我有如下问题：

对于上述问题，我尝试进行如下解答：

完成本篇内容的学习后，我有话要说：

我想就本周阅读过的书籍或文献谈谈自己的心得：

附录

推荐书目

［1］［法］让–雅克·卢梭.爱弥儿：论教育（上、下册）［M］.李兴业，熊剑秋，译.北京：人民教育出版社，2017.

［2］刘晓东.解放儿童（第三版）［M］.南京：江苏凤凰教育出版社，2008.

［3］［意］玛丽亚·蒙台梭利.童年的秘密［M］.马荣根，译.北京：人民教育出版社，2004.

［4］［奥］阿尔弗雷德·阿德勒.儿童的人格教育［M］.张庆宗，译.上海：华东师范大学出版社，2017.

［5］［美］加雷斯·B.马修斯.与儿童对话（新版）［M］.陈鸿铭，译.北京：生活·读书·新知三联书店，2020.

［6］［美］加雷斯·B.马修斯.童年哲学（新版）［M］.刘晓东，译.北京：生活·读书·新知三联书店，2020.

［7］［美］加雷斯·B.马修斯.哲学与幼童（新版）［M］.陈国容，译.北京：生活·读书·新知三联书店，2020.

［8］［英］卡西·纳特布朗.读懂幼儿的思维：幼儿的学习及幼儿教育的作用（第3版）［M］.刘焱，刘丽湘，译.北京：北京师范大学出版社，2010.

［9］［奥］阿尔弗雷德·阿德勒.自卑与超越［M］.吴杰，郭本禹，译.北京：中国人民大学出版社，2013.

［10］黄希庭，郑涌.心理学导论（第三版）［M］.北京：人民教育出版社，2015.

［11］［美］罗伯特·S.费尔德曼.儿童发展心理学（原书第8版）［M］.苏彦捷，等译.北京：机械工业出版社，2021.

［12］皮连生.教育心理学（第四版）［M］.上海：上海教育出版社，2011.

［13］唐淑.学前教育思想史［M］.北京：人民教育出版社，2018.

［14］潘一.特殊教育学基础［M］.北京：高等教育出版社，2006.

［15］刘焱.儿童游戏通论［M］.北京：北京师范大学出版社，2004.

［16］陈波.逻辑学导论（第4版）［M］.北京：中国人民大学出版社，2020.

［17］姚伟.中外幼儿教育名著解读［M］.南京：南京师范大学出版社，2008.

［18］丁海东，杜传坤.儿童教育的人文解读［M］.济南：山东教育出版社，2008.

［19］姜勇.国外学前教育学基本文献讲读［M］.北京：北京大学出版社，2013.

［20］陶行知.陶行知全集［M］.成都：四川教育出版社，2020.

［21］蔡元培，陶行知.中国教育大师谈［M］.合肥：安徽人民出版社，2012.

［22］陈鹤琴.陈鹤琴教育箴言［M］.上海：华东师范大学出版社，2013.

［23］怀师文化编委会.教育与人性：南怀瑾“心要”［M］.桂林：漓江出版社，2016.

［24］李政涛.重建教师的精神宇宙［M］.上海：华东师范大学出版社，2014.

［25］［意］蒙台梭利.蒙台梭利教育箴言［M］.朱永新，编.北京：中国人民大学出版社，2016.

［26］［瑞士］皮亚杰.皮亚杰教育论著选［M］.卢濬，选译.北京：人民教育出版社，2015.

［27］胡惠闵，郭良菁.幼儿园教育评价［M］.上海：华东师范大学出版社，2009.

［28］［英］怀特海.教育的目的［M］.严中慧，译.上海：华东师范大学出

版社，2019.

［29］［德］福禄培尔.人的教育［M］.孙祖复，译.北京：人民教育出版社，2005.

［30］［古希腊］柏拉图，等.教育的艺术［M］.曹晚红，吴大伟，等译.汕头：汕头大学出版社，2008.

［31］［英］约翰·洛克.教育漫话［M］.杨汉麟，译.北京：人民教育出版社，2005.

［32］［美］约翰·杜威.我的教育信条：杜威论教育［M］.彭正梅，译.上海：上海人民出版社，2017.

［33］陈鹤琴.怎样做幼稚园教师［M］.上海：华东师范大学出版社，2013.

［34］成尚荣.核心素养的中国表达［M］.上海：华东师范大学出版社，2017.

［35］邱学青.给幼儿园教师的101条建议——游戏指导［M］.南京：南京师范大学出版社，2011.

［36］［苏联］苏霍姆林斯基.给教师的建议［M］.周蕖，等译.武汉：长江文艺出版社，2018.

［37］顾荣芳，等.从新手到专家——幼儿教师专业成长研究［M］.北京：北京师范大学出版社，2007.

［38］［美］帕克·帕尔默.教学勇气——漫步教师心灵［M］.方彤，译.上海：华东师范大学出版社，2020.

［39］成尚荣.名师基质［M］.上海：华东师范大学出版社，2018.

［40］朱永新.教育如此美丽——朱永新中国教育观察［M］.北京：文化艺术出版社，2010.

［41］［美］舒尔曼.实践智慧：论教学、学习与学会教学［M］.王艳玲，等译.上海：华东师范大学出版社，2014.

［42］［美］贾妮斯·J.比蒂.学前教师技能［M］.嵇珺，译.南京：江苏教

育出版社，2011.

［43］缪仁贤，等.幼儿教育技艺：280个适宜与不宜案例评析［M］.上海：上海科学技术文献出版社，2004.

［44］［英］安妮·伍兹，等.儿童发起的游戏和学习——为无限的可能性而规划［M］.叶小红，译.北京：中国轻工业出版社，2020.

［45］［英］刘易斯·科恩，等.教育研究方法（第6版）［M］.程亮，等译.上海：华东师范大学出版社，2015.

［46］［英］莎曼，等.观察儿童——实践操作指南（第三版）［M］.单敏月，王晓平，译.上海：华东师范大学出版社，2008.

［47］［美］高瞻教育研究基金会.学前儿童观察评价系统［M］.霍力岩，等译.北京：教育科学出版社，2018.

［48］［英］里德尔·利奇.观察：走近儿童的世界［M］.潘月娟，王艳云，译.北京：北京师范大学出版社，2008.

［49］王雪.幼儿教师必知的88条安全应急措施［M］.长春：吉林大学出版社，2014.

［50］屠美如.向瑞吉欧学什么——《儿童的一百种语言》解读［M］.北京：教育科学出版社，2002.

［51］教育部教师工作司.《幼儿园教师专业标准（试行）》解读［M］.北京：北京师范大学出版社，2013.

［52］教育部教师工作司.《教师教育课程标准（试行）》解读［M］.北京：北京师范大学出版社，2013.

［53］教育部基础教育司.《幼儿园教育指导纲要（试行）》解读［M］.南京：江苏凤凰教育出版社，2017.

［54］李季湄，冯晓霞.《3—6岁儿童学习与发展指南》解读［M］.北京：人民教育出版社，2013.

［55］周兢.学前儿童语言学习与发展核心经验［M］.南京：南京师范大学

出版社，2014.

［56］黄瑾，田方.学前儿童数学学习与发展核心经验［M］.南京：南京师范大学出版社，2015.

［57］柳倩，周念丽，张晔.学前儿童健康学习与发展核心经验［M］.南京：南京师范大学出版社，2016.

［58］张明红.学前儿童社会学习与发展核心经验［M］.南京：南京师范大学出版社，2018.

［59］［印］克里希那穆提.一生的学习［M］.张南星，译.深圳：深圳报业集团出版社，2010.

［60］胡华.给童年留白：让孩子活在自然里的幼儿园［M］.南宁：接力出版社，2017.

［61］孙瑞雪.爱和自由［M］.北京：中国妇女出版社，2013.

［62］［日］黑柳彻子.窗边的小豆豆［M］.赵玉皎，译.海口：南海出版公司，2018.

［63］［清］曾国藩.曾国藩家书［M］.张智，编译.北京：中国画报出版社，2012.

［64］黄希庭，郑涌.大学生心理健康教育（第三版）［M］.上海：华东师范大学出版社，2020.

［65］［美］马丁·塞利格曼.塞利格曼自传［M］.庞雁，译.杭州：浙江教育出版社，2020.

参考文献

■ 论著类

［1］曲士培.中国大学教育发展史［M］.北京：北京大学出版社，2006.

［2］马啸风.中国师范教育史（1897~2000）［M］.北京：首都师范大学出版社，2003.

［3］廖其发.中国幼儿教育史［M］.太原：山西教育出版社，2006.

［4］中国学前教育研究会.百年中国幼教（1903—2003）［M］.北京：教育科学出版社，2003.

［5］钟启泉，李雁冰.课程设计基础［M］.济南：山东教育出版社，2000.

［6］胡知凡，包雪鸣. 教师艺术素养导论［M］. 北京：北京大学出版社，2011.

［7］［美］舒尔曼.实践智慧：论教学、学习与学会教学［M］.王艳玲，等译.上海：华东师范大学出版社，2014.

［8］朱永新.中国教育改革大系・学前教育卷［M］.武汉：湖北教育出版社，2016.

［9］［美］霍华德・加德纳.多元智能新视野（纪念版）［M］.沈致隆，译.杭州：浙江人民出版社，2017.

［10］陈鹤琴.陈鹤琴全集（第四卷）［M］.南京：江苏教育出版社，2008.

［11］张大均.教育心理学（第三版）［M］.北京：人民教育出版社，2015.

［12］［英］东尼・博赞，巴利・博赞.思维导图［M］.卜煜婷，译.北京：化学工业出版社，2015.

［13］［美］奥苏伯尔.教育心理学——认知观点［M］.北京：人民教育出版社，1994.

［14］杨汉麟.外国学前教育名著选读［M］.北京：人民教育出版社，2020.

［15］边玉芳，李白璐.教育心理学［M］.杭州：浙江教育出版社，2015.

［16］唐淑.学前教育史［M］.北京：人民教育出版社，2019.

［17］唐淑.学前教育思想史［M］.北京：人民教育出版社，2018.

［18］张沪.张宗麟幼儿教育论集［M］.长沙：湖南教育出版社，1985.

［19］唐淑.中国学前教育史［M］.北京：人民教育出版社，2015.

［20］孙培青.中国教育史（第三版）［M］.上海：华东师范大学出版社，2008.

［21］陈文华，马金祥.中外学前教育史（第四版）［M］.北京：科学出版社，2021.

［22］余子侠，王海凤.中国学前教育名著选读［M］.北京：人民教育出版社，2020.

［23］经济合作与发展组织（OECD）教育团队.强壮开端Ⅲ：儿童早期教育与保育质量工具箱［M］.陈学锋，等译.北京：北京师范大学出版社，2015.

［24］［美］卡洛琳·爱德华兹，等.儿童的一百种语言（第三版）［M］.尹坚勤，等译.南京：南京师范大学出版社，2014.

［25］［澳］格伦达·麦克诺顿，等.早期教育研究方法：国际视野下的理论与实践［M］.李敏谊，滕珺，译.北京：教育科学出版社，2008.

［26］李季湄，冯晓霞.《3—6岁儿童学习与发展指南》解读［M］.北京：人民教育出版社，2013.

［27］教育部基础教育司.《幼儿园教育指导纲要（试行）》解读［M］.南京：江苏凤凰教育出版社，2017.

［28］教育部教师工作司.《幼儿园教师专业标准（试行）》解读［M］.北京：北京师范大学出版社，2013.

［29］教育部教师工作司.《教师教育课程标准（试行））解读［M］.北京：北京师范大学出版社，2013.

［30］王小英.国内外学前教育改革与发展趋势（第二版）［M］.长春：东北

师范大学出版社，2017.

［31］朱家雄.当今我国学前教育事业发展面临的主要问题及政策导向［M］.上海：华东师范大学出版社，2016.

［32］庞丽娟，洪秀敏，姜勇，等.中国学前教育发展报告：幼儿园教师队伍建设［M］.北京：北京师范大学出版社，2017.

［33］中央教育科学研究所学前教育研究室.幼儿园教育质量评价手册［M］.北京：教育科学出版社，2009.

［34］姜勇.幼儿教师专业发展［M］.北京：高等教育出版社，2015.

［35］［奥］阿尔弗雷德·阿德勒.自卑与超越［M］.吴杰，郭本禹，译.北京：中国人民大学出版社，2013.

［36］［美］布鲁克菲尔德.批判反思型教师ABC［M］.张伟，译.北京：中国轻工业出版社，2002.

［37］秦金亮.走进全实践——反思性幼儿教育实践家的成长之路［M］.北京：新时代出版社，2007.

［38］［美］苏·克拉克·沃瑟姆.学前教育评价（第五版）［M］.向海英，译.北京：北京师范大学出版社，2013.

［39］［美］理查德·S.沙夫.生涯发展与规划——人生的问题与选择［M］.周黎明，译.北京：中国人民大学出版社，2012.

［40］黄天中.生涯体验——生涯发展与规划（第3版）［M］.北京：高等教育出版社，2015.

［41］［加］布赖恩·费瑟斯通豪.远见——如何规划职业生涯3大阶段［M］.苏健，译.北京：北京联合出版公司，2017.

［42］［美］罗伯特·里尔登，等.职业生涯发展与规划（第4版）［M］.侯志瑾，等译.北京：中国人民大学出版社，2016.

［43］［美］布莱德·哈林顿，等.职业生涯规划与管理［M］.张星，张璐，译.北京：机械工业出版社，2013.

■ 论文及报告类

［1］蓝劲松.略论大学的起源［J］.科学文化评论，2005(6)：55-68.

［2］周洪宇，刘训华.论中国现代性大学的起源［J］.高等教育研究，2015，36(6)：87-90，101.

［3］周益斌.论我国现代大学的起源——从太学、大学和书院的关系说起［J］.高等理科教育，2014(1)：121-125.

［4］王义遒.论大学精神形成演变的逻辑之道——大学精神之我见［J］.中国高教研究，2012(9)：9-16.

［5］田景正.中国幼儿师范教育的世纪回顾与前瞻［J］.学前教育研究，2005(Z1)：58-60.

［6］曾继耘.学习的累积性、适切性和交互性——论建构主义学习观对当代课堂教学改革的启示［J］.山东师范大学学报（人文社会科学版），2006(4)：150-153.

［7］郭德俊，李原.合作学习的理论与方法［J］.高等师范教育研究，1994(3)：43-47.

［8］袁振国.从“师范教育”向“教师教育”的转变［J］.中国高等教育，2004(5)：30-32.

［9］钟启泉.为了未来教育家的成长——论我国教师教育课程创新的课题［J］.教育发展研究，2011，33(18)：20-26.

［10］王定华.我国高校师范类专业认证的缘起与方略［J］.中国高等教育，2019(18)：20-22.

［11］陈忠辉.民国初期福州协和幼稚师范学校创办探源［J］.陕西学前师范学院学报，2014，30(3)：22-25.

［12］曲铁华，王洪晶.我国学前教育制度变迁：轨迹、逻辑与趋势［J］.教育科学，2020，36(3)：85-90.

［13］程秀兰.幼儿教育本质的规定性及其意义［J］.学前教育研究，2014（9）：3-13.

［14］顾明远.学习和解读《国家中长期教育改革和发展规划纲要（2010—2020）》［J］.高等教育研究，2010，31（7）：1-6.

［15］龚孟伟.高效新颖的读书指导法——PQ4R 学习策略及其应用［J］.南京师范大学文学院学报，1999（4）：36-38.

［16］高文.建构主义学习的特征［J］.外国教育资料，1999（1）：35-39.

［17］李玲，杨顺光."全面二孩"政策与义务教育战略规划——基于未来20年义务教育学龄人口的预测［J］.教育研究，2016，37（7）：22-31.

［18］刘焱.对我国学前教育几个基本问题的探讨——兼谈我国学前教育未来发展思路［J］.教育发展研究，2009，29（8）：1-6.

［19］张利洪.改革开放40年我国学前教育政策法规的历程、成就与反思［J］.陕西师范大学学报（哲学社会科学版），2019，48（1）：54-60.

［20］庞丽娟，王红蕾，贺红芳，袁秋红.关于我国学前教育立法的思考［J］.教育发展研究，2018，38（23）：46-50.

［21］王东.普惠性学前教育：内涵与政策意蕴［J］.教育科学，2014，30（2）：26-31.

［22］李季湄.实现高质量发展——新时期中国幼教的使命与责任［R］.中国学前教育研究会学术年会主题报告，2018.

［23］杨晓萍，李敏.焦点与转向：我国学前教育质量研究述评［J］.教育研究，2016，37（4）：74-80，104.

［24］许倩倩.学前教育本科专业设置的发展趋势与存在问题分析——以26份《普通高等学校本科专业设置申请表》为样本［J］.学前教育研究，2015（2）：30-36.

［25］裴培.师范专业认证视角下的学前教育专业实践教学改革——以亳州学院为例［J］.成都师范学院学报，2019，35（4）：51-54.

［26］罗朝猛.日本举国振兴学前教育［J］.上海教育，2011(1)：66-68.

［27］顾明远.实现教育现代化的宏伟蓝图——学习贯彻《国家中长期教育改革和发展规划纲要》［J］.北京师范大学学报（社会科学版），2010(5)：5-13.

［28］丁海东.游戏在幼儿园教育教学中的运用与融合［J］.教育导刊（幼儿教育），2007(2)：11-15.

［29］［美］盖瑞·兰爵斯，高淑贞.与儿童相处的原则［J］.幼儿教育，2004(9)：1.

［30］李兰芳，王晓丽，康静，党爱娣.学前教育专业人才培养标准研制历程［J］.陕西学前师范学院学报，2018，34(5)：74-82.

［31］于桂霞.论高师院校实践导向学前教育专业人才培养模式的构建［J］.东北师大学报（哲学社会科学版），2013(3)：251-253.

［32］周文叶，崔允漷.何为教师之专业：教师专业标准比较的视角［J］.全球教育展望，2012，41(4)：31-37.

［33］李兰芳，张海钟.高校本科学前教育专业渗透式实践教学方案简介［J］.幼儿教育，2011(15)：30-33.

［34］毋靖雨.论高校师范生师德教育全程全方位模式的构建［J］.学校党建与思想教育，2019(6)：40-41.

［35］华爱华.谈幼儿园教师的专业性问题思考［R］.中国学前教育研究会学术年会主题报告，2018.

［36］丁海东.幼儿园教师职业的专业性及其发生根基［J］.学前教育研究，2015(11)：21-27.

［37］秦金亮.论幼儿园教师的专业自觉——《幼儿园教师专业标准（试行）》的内在功能价值解析［J］.幼儿教育，2012(27)：1-5，10.

［38］侯莉敏.反贫困与农村学龄前儿童发展的教育干预研究［R］.中国学前教育研究会学术年会主题报告，2018.

［39］赖天利.幼儿园教师专业发展现状及其提升策略［J］.学前教育研究，

2019（1）：89-92.

［40］李兰芳，王晓丽，宋春光.促进乡村幼儿园教师专业发展的助力点分析与实践建议——以甘肃省为例［J］.幼儿教育，2017（15）：33-38.

［41］张建伟.反思——改进教师教学行为的新思路［J］.北京师范大学学报（社会科学版），1997（4）：56-62.

［42］张鹏，蒋荣辉.近15年来我国幼儿教师专业素养研究的进展与反思［J］.陕西学前师范学院学报，2017，33（5）：93-98.

［43］易凌云.幼儿园教师专业理念与师德的定义、内容与生成［J］.学前教育研究，2012（9）：3-11.

［44］刘占兰.幼儿园教师的专业能力［J］.学前教育研究，2012（11）：3-9.

［45］俞裕芝，李召存.学前教育专业师范生入职适应研究——基于学前教育专业知识性质的视角［J］.幼儿教育，2014（33）：14-17，52.

［46］宋璞，李祥.学前教育师范生实践性知识的构成要素及生成路径［J］.学前教育研究，2017（1）：34-43.

［47］王海英."顺应"与"引领"——高师学前教育专业课程设置与社会需要之间关系的思考［J］.学前教育研究，2007（Z1）：14-18.

［48］刘献君.论大学课程设计［J］.高等教育研究，2018，39（3）：51-57.

［49］吴海燕.教师资格证"国考"背景下教师教育课程与教学改革的思考［J］.陕西学前师范学院学报，2018，34（9）：42-45.

［50］崔允漷.职前教师教育课程目标框架［J］.教育发展研究，2012，32（10）：12-16.

［51］张晓梅，王晖，刘大鹏.高校学前教育专业课程设置改革的困境与超越——基于《幼儿园教师专业标准（试行）》［J］.黑龙江高教研究，2015（11）：87-90.

［52］刘天娥，海鹰.高校学前教师教育课程设置存在的问题及改革路向［J］.教育评论，2016（10）：117-120.

［53］李颖.学前教育课程实践与存在的问题——评《当前我国学前教育事业发展面对的主要问题及政策导向》［J］.中国教育学刊，2017(5)：149.

［54］程秀兰，许楠楠，王娜.基于《幼儿园教师专业标准》的学前教育专业课程改革研究［J］.陕西学前师范学院学报，2016，32(4)：26-29，34.

［55］李少梅，唐宇."以本为本"背景下的学前教育专业课程改革——以"学前教育原理"课程为例［J］.学前教育研究，2019(9)：3-13.

［56］王映学，赵兴奎.教学反思：概念、意义及其途径［J］.教育理论与实践，2006(3)：53-56.

［57］李·舒尔曼，黄小瑞，崔允漷.标志性的专业教学法：给教师教育的建议［J］.全球教育展望，2014，43(1)：3-13.

［58］孟宁.在《3—6岁儿童学习与发展指南》国家培训者培训班上的讲话［J］.学前教育研究，2012(12)：8-9.

［59］鄢超云，魏婷.《3—6岁儿童学习与发展指南》中的学习品质解读［J］.幼儿教育，2013(18)：1-5.

［60］杨洁.能力本位：当代教师专业标准建设的基石［J］.教育研究，2014，35(10)：79-85.

［61］严苏凤.交往视阈下的教师专业发展透视［J］.黑龙江高教研究，2011(2)：98-100.

［62］庞丽娟.同伴提名法与幼儿同伴交往研究［J］.心理发展与教育，1994(1)：18-21.

［63］马玉宾，熊梅.教师文化的变革与教师合作文化的重建［J］.东北师大学报（哲学社会科学版），2007(4)：148-154.

［64］刘晓东.中国小学教育亟待战略转型——兼论"幼小衔接"应向"小幼衔接"翻转［J］.湖南师范大学教育科学学报，2019，18(3)：1-7.

［65］张华军.论理论性学习在教师培养中的作用——基于杜威思想的讨论［J］.教育学报，2012，8(2)：20-28.

［66］郑志辉.引领教师专业发展学科教学知识再探［J］.中国教育学刊，2010（3）：50-53.

［67］LIANG Y J，LIU Y Y. The Current Situation，Problems and Development Path of Chinese Preschool Pre-Service Teachers Education：The Empirical Research Based on Students'Satisfaction［J］. Canadian Social Science，2014，10（5）：176-181.

［68］BURCHINA M.Quality of Early Childhood Education and Child Outcomes：Consistencies and Inconsistencies and Possible Implications to Research and Practice in China［R］.中国学前教育研究会学术年会主题报告，2018.

［69］BALENZANO C, MORO G, CASSIBBA R.Education and Social Inclusion：An Evaluation of a Dropout Prevention Intervention［J］.Research on Social Work Practice，2019，29（1），69-81.